JN190870

家族を笑顔にする
32チャレンジ

おうちごっこの子育て1年生

おうちごっこ
ヒロアキ

KADOKAWA

はじめまして！

現在、子育て1年生（永遠に）の30歳、ヒロアキです。妻のみきちゃんと、娘のまーちゃん（現在小学3年生）と、熊本県のとある町で毎日、楽しく暮らしています。

私たち3人は家族でありながら「おうちごっこ」という名前のYouTuberでもあります。

動画では我が家の日常を発信しています。その主な内容が“ごっこ遊び”です。お店ごっこ、歯医者さんごっこ、ミュージシャンごっこなど、設定も役柄も多岐にわたります。単なる遊びかもしれませんが、他人の気持ちを知ることができたり、社会のルールやマナー、言葉を覚えることができたり、人生の擬似体験にもなっています。なにより演じることによって家族みんなが楽しめて、Happyになれるんです。そして、役に没頭する娘がとにかくかわいい……！（親バカ）

ごっこ遊びを始めてから約9年が経ちますが、常に家族と話し合い、時にはぶつかって、さまざまなごっこ遊びにチャレンジしてきました。

このチャレンジによって、“私たち家族の今の形”が築かれました。

本書は、私たち家族の心にある“笑える日々の記録”を32種のチャレンジにしてまとめたものです。ちょっとした日常での取り組みがほとんどなので「32（ミニ）チャレンジ」です。「ミニ」は「小さい」という意味ですが、些細なことが大きな結果を生むことってありますよね。親になったばかりのころは、つい大きな役割を担おうとしてしまいましたが、何気ないちょっとし

32（ミニ）チャレンジで親も子もHappyに！

た工夫や思いやりが、家族を笑顔にするのだと、みきちゃんとまーちゃんから教えてもらいました。

あくまでも私たち家族による一例ですが、「毎日が楽しい」と感じていることを多くの人にぜひ知ってもらいたいです。子どもとの接し方や、家族での過ごし方などに悩んでいる人もいるでしょう。私もそうでした。だから、この本が楽しい家族をつくるためのヒントになると思っています。

読者のみなさまには、それぞれの家族の形があると思います。それに気づくためにも、この本がきっかけになったら幸いです。

おうちごっこ　ヒロアキ

目次

32チャレンジで親も子もHappyに！ 2
まーちゃん家の紹介 8

1章 自分ひとりでできるもん編

チャレンジ01 ごっこ遊びで習慣づくり 14
チャレンジ02 家事は親子で分担 18
チャレンジ03 自分で準備できるように 24
チャレンジ04 片づけスイッチをON 28
LIVE 就寝時の前説ダイジェスト 32
チャレンジ05 “おいしい”を探す 34
チャレンジ06 掃除イベント開催 40
チャレンジ07 朝のリズムづくり 44
チャレンジ08 言葉を格上げする 48
家族日記 まーちゃん編 52

2章 家族で遊ぶ子は育つよ編

チャレンジ09	家族総出でごっこ遊び	54
チャレンジ10	家族イベントの計画	60
チャレンジ11	休日は外遊び	64
チャレンジ12	サプライズでお祝い	68
LIVE	父親のタイプ別勝手に査定	72
チャレンジ13	家庭内プレゼン	74
チャレンジ14	エンタメを生み出す	80
チャレンジ15	家族ユニットの結成	84
チャレンジ16	第六感“金銭感覚”を養う	88
家族日記	みき編	92

3章 遊びを学びにチェンジ編

チャレンジ17　読み聞かせで想像力の扉を開く！ …… 94

チャレンジ18　親子で学びを続ける …… 98

チャレンジ19　安心できる学習空間をつくる …… 102

チャレンジ20　“できた！”を喜び合う …… 108

まーちゃん先生教えて！「サンドイッチのつくり方」 …… 112

チャレンジ21　好奇心をアップグレード …… 114

チャレンジ22　集中する時間を意図的につくる …… 118

チャレンジ23　おうちで経済活動 …… 124

チャレンジ24　学校行事を家族行事として扱う …… 128

家族日記　23歳のころのヒロアキ編 …… 132

4章　社会デビューに向けて準備編

チャレンジ25　あいさつはおしゃべりのスタート……134

チャレンジ26　マナーのバランス調整……140

チャレンジ27　幸せの選択をする……144

チャレンジ28　家族で一日を振り返る……148

LIVE　臨時で家庭内裁判を行います！……152

チャレンジ29　聞き上手＆話し上手になる……154

チャレンジ30　大人になる準備をする……160

チャレンジ31　とことん話し（愛し）合う……164

チャレンジ32　いつまでも行ってお帰り……168

家族日記　「おうちごっこ」の活動を、まーちゃんはこう思う……172

いつからかいつまでも……174

親が楽しまなければ“損”……175

まーちゃん家(け)の紹介

この本の舞台は、YouTuberである「おうちごっこ」のお宅。父・ヒロアキ、母・みき、娘・まーちゃんが暮らす一般家庭です。本書では「まーちゃん家」と呼称します。

まーちゃんの成長過程にあった日常の出来事やごっこ遊びを取り上げていますが、「子育て」というと、ちょっとニュアンスが違います。なぜなら、「親育て」も同時に行われているからです。

ごっこ遊びでは、子どもが大人役、大人が子ども役を演じることが多々あります。すると、お互いの気持ちがわかるようになり、さまざまなことに気づけるのです。

地球は大きく、社会は広い。でも子どもは多くの時間を家庭で過ごします。まーちゃん家では毎日のようにごっこ遊びをしているので、家庭内にあらゆる社会が生まれます。ある日は女子高校生の声が聞こえたり、またある日はラップが聞こえたり、別の日には実況アナウンスの声、裁判官の声、アイドルの歌声……、とまったく同じ日はありません。

もちろん、笑いあり、涙あり、ケンカあり、悩みありで人間模様も見えます。この本では家族それぞれの思いも綴(つづ)ります。

まーちゃん家の主な活動場所

一般社会との境界
出入りするときは、ほかの家族にしっかり告げなければならない。

話し合いの場
キッチンダイニング。食卓は頻繁に家族の会議テーブルにもなる。

憩いの場
だんらん、テレビ、ゲーム、宿題、ごっこ遊びなど、生活の中心エリア。

子ども部屋
トイレ
風呂
台所
玄関
勉強スペース
縁側
座敷
居間
納屋

思考エリア
まーちゃんだけの場所。人を笑顔にするネタを考えている。

ご休憩&活動所
夜は寝室、日中はダンスやごっこ遊びのフィールドになる。

変身倉庫
ごっこ遊びで別人に扮するためのコスチュームが保管されている。

まーちゃん家で暮らす人

まーちゃん家に格差は存在しない。
すべての家族が同じ権力や権利をもつ。
ただし、個々の特性に応じた権限はある。

ヒロアキ
（ヒロちゃん）

得体（立場）

父親

家族の役割

クレイジー担当

活動の特徴

副業の動画制作が生業（なりわい）になりつつある。家族の様子を社会に配信する。

まーちゃん

得体（立場）

娘

家族の役割

エンタメ担当

活動の特徴

小学校に通いながら家庭内のエンタメを考え、家庭内ビジネスにも努める。

みき
（みきちゃん）

得体（立場）

母親

家族の役割

サポート担当

活動の特徴

家族の幸せを陰で支える存在。家族のバランサー的な役割もある。

まーちゃん家の三原則

一　家族はそれぞれの人格を尊重し、
その価値は平等である。

二　あらゆる事柄において、
話し合って解決していく。

三　いつとなく、家族同士の気持ちを共有し、
前向きになることを目指していく。

我が家には、年齢、性別、役割などによっての価値の違いはなく、何事も話し合いによって決めていきます。喜びも悩みも共有し、前向きになる方法を考え、実践しています。

このキャラ、
本書で度々登場します！

一般社会との関わりについて

まーちゃん一家は、学校、仕事、近所づきあいなど、一般社会で活動しています。そこで発生した問題を家に持ち帰り、話し合って解決していきます。また家族全員で出かけ、一般社会をリサーチするという特殊な活動もしています。これらの活動を動画におさめ、社会に発信することで、間接的に日本中の人々に関わっています。

小学校

まーちゃんは小学校に毎日通っており、そこでくり広げられる友だちや先生との出来事は、家族の重要な話題である。

近所づきあい

ご近所さんあってこその家族。山あいで一軒一軒が離れているため、近隣の人たちと遭遇することは稀(まれ)だが、会ったらきちんとあいさつ。

経済社会

あらゆる活動にはお金がかかる。意義、使い道など、お金の価値を考え続けることで、ものの価値と結びつけ、経済との関わりを深める。

この本での“ごっこ遊び”について

まーちゃん家は、ごっこ遊びをしながら学びを深めていきます。主にヒロアキが講師、みきが助手の役割を担い、まーちゃんが研修していく、といった日々ですが、しばしばまーちゃんが講師になることも。これが「ごっこ遊び＝チャレンジ」です。チャレンジすることが目的なので、失敗しても問題ありません。大切なのは“気づき”です。

1章 自分ひとりでできるもん編

チャレンジ 01

ごっこ遊びで習慣づくり

［香りでお風呂タイムを楽しみに変える！］

「お風呂にテレビがあったらな」って思っていたのは少し前のこと。いい香りの入浴剤で心を癒やし、入浴後も肌と髪の毛、歯のケアは入念に。

我が家のお風呂は追い焚き機能がないので、全員が一気に入らないといけない。「お風呂に入りなさい」という言葉は使いたくないね。

夕食後、なかなか入ろうとしなかった（眠くなって入れない時期もあった）が、少し大きくなって、夕飯→お風呂→仕事と遊び→就寝という流れが習慣化した。

きっかけづくりをしよう！　by ヒロアキ

あれだけイヤがっていたのに、お風呂に入ったらなかなか出ようとしないってことありませんか？　きっとイヤなわけではなく、行動に移しにくいだけなんだと思います。

まーちゃんから学んだこと

きっかけづくりだけでよい

次の行動に移すことを面倒だと感じることは、大人でもありますよね。今していることを中断したくない、次の行動に魅力を感じないという理由もあるでしょう。それを払拭（ふっしょく）するのがきっかけづくり。実況中継風に服を脱ぐとか、ダンスをしながらお風呂まで行進するとか、とにかく**楽しい雰囲気をつくってお風呂場に誘導**を！

「お風呂に入りなさい！」といってしまうと、強制になります。あの手この手を試しながら、昨日と今日では方法を変えるなどして、毎日、チャレンジしていきます。我が家は最近、入浴剤がお風呂に導いてくれています。

ご褒美があると意義や目的が失われる

入浴剤はご褒美ではありません。心をリラックスさせるためのアイテムです。入浴の意義は、体をきれいにすることと、疲労をやわらげたり、心を落ち着かせたりすることです。お風呂場にたくさんのおもちゃを置いて、遊ぶことを目的にすると、お風呂チャレンジはすぐに振り出しに戻ります。おもちゃに飽きたら、お風呂に魅力がなくなりますから。本来の意義や目的を果たしたうえで遊ぶのはいいと思います。我が家では**その日の出来事を話し合ったり、言葉遊びをしたり**して楽しんでいます。入浴後の肌や髪の毛のケアも一緒にすることで、意義や目的が伝わりやすくなると思います。

日常生活が自然に流れることで習慣化する

我が家では夕飯を食べて、お風呂、その後に家族のだんらんという流れがお決まりです。「お風呂を先にする？ ごはんを先にする？」というのは重要ではなく、**一定のリズムを体で覚えること**が大事だと思います。まーちゃんが学校から帰って宿題をし、少し遊んでいるとおなかがすきます。そのタイミングで夕食の場面なんです。おなかが満たされたらお風呂、という流れなので、次に自分がするべき行動は理解できています。

といっても時間を区切って、がんじがらめにする必要もないでしょう。大きな流れを体で覚えたら、本人が独自の流れをつくってもいいと思います。

お風呂イベント

癒やしアイテム

ミルクティー、花、スイーツの香りがする入浴剤がお気に入り。体を洗ったあとは、湯船で体を温めながら、リラックスしていく。

お肌と髪の毛のケア

肌に潤いを、髪の毛にキューティクルのケアを。父母がヘアメイクアーティストに扮してモデル（まーちゃん）の美容をケアする。

ホワイトニング

歯磨きのこと。肌のケア同様にモデル(まーちゃん)を輝かせていくごっこ遊びをする。今と将来の笑顔のために。

強制は絶対にしない
雰囲気づくりで自発性が生まれる

煌びやかな夜景もいいけど、夜空で瞬く星はもっと美しい。さらに星空を見る瞳はすてきだ。その目で見つめられたら、胸が高鳴るよね。雰囲気って本来ある魅力を引き出すものではないだろうか。

魅力は意図的に醸し出せるものではないよね。大切な人の魅力を引き出したいなら、私たちがその環境をつくること。大人になれば自分磨きができるかもしれないけど、モデルや役者の卵を輝かせるのは周りの人たち。どんなスター（星）も輝くまでの過程があるのさ。

チャレンジ 02

家事は親子で分担

［お手伝いは立派な"仕事"である！］

わたしの家はひとつの仕事で100円もらえるよ。モチベーションが上がるよね。家族が喜んでくれるから、さらに気分がいいよ。

家事は仕事。我が家ではお手伝いという概念はなく、仕事だと思っているので、当然、報酬が発生する。

自分のタイミングでしてもOK！ ただ、今するべき家事もあるよね。それをちゃんと理解してくれるようになった。

メッセージ 02

家族ルールをつくろう！ by ヒロアキ

みなさんのお家では、どんなお手伝いのルールがありますか？うまくいっていれば問題なし。そうでない場合は“お手伝い”の概念を取り払うところから始めましょう！

チャレンジ

02

家事が無償ってそもそもおかしいと思いませんか？

男女が同じように社会に出ることは当たり前で、家事は協力し合うものです。家事っていろいろありますよね。食事、洗濯、掃除、ゴミ出し……。どれも簡単なものではありません。

だから、家事代行ビジネスの必要性もあるんですよね。

はい、家事は労力、つまり金銭が発生していいものなんです。例えば外食すれば、その料理に対して支払うのは、材料費や光熱費だけではありません。つくる人の労力に金銭価値が発生して、料金が設定されているわけです。ほかの家事についても同じです。そう考えると、**家事の一部を子どもが行う場合、その労力に金銭が発生してもおかしいことではありません**よね。もちろん、「家族のためになることは無償」という考え方を否定するものではありません。ただ、金銭を発生させることで得られる効果もあると思うんです。子どもが行動するきっかけをつくれる、労力の捉え方やお金の計算について学べるなど、いろいろありますよ。

“お手伝い”ってもっと価値が高い。強制すれば、その価値も見失う

まーちゃんが成長するにつれ、家族のためにできることをしてもらおうという動きがありました。しかし、長続きはしない。その理由は、小さいころは上手にできないというのが大きかったと思います。その場合は、大人が一緒にやるとよいと思っています。**徐々にできることが増えると、責任を持ってやってもらえるようになります**。ただ、労力がかかることですから、面倒な気持ちになることも。その際に「決めたことは守る」という考えを押しつけると本末転倒だと思うんです。例えばビジネスでも“やらされる仕事”って成果が出にくいですよね。作

業をお願いした場合、イヤな顔で引き受けられても気持ちよくありません。こうした背景もあり、働き方改革が行われて、労働者の尊厳を守ろうとしていますよね。お手伝いも同じではないでしょうか？

そもそも“お手伝い”って軽く扱われやすいように思います。軽作業、雑用で誰にでもできること、というイメージです。でもそのお手伝いには労力がかかり、家族のためになるという成果もあげられるものです。強制してしまうと、そのイメージが残ってしまうような気がしたんです。そこで思いついたのが、働き方改革の取り組みのひとつである「フレックスタイム制」でした。

枠の中での自由を設定することで自発性が生まれ、思考力が高まり、達成感を得られる

フレックスタイム制といっても企業によって設定はさまざま。朝10時までには出社、会議がある日は例外など。また仕事においても役割があり、やるべきことのどれから手をつけていくかなど、個人の裁量が求められているのです。お手伝いは同じです。**いくつかやってほしい内容をつくっておき、その中からその日、行えるものを実践していく**わけです。ただ、いつやってもいいわけではありません。例えば食器洗いは、次の食事の準備前にはしなければならず、片づけもしないで放置しっぱなしでは不衛生です。

こうした状況下、下校してから就寝までの間に、いくつかを実践します。そこに労力として金銭を発生させるわけです。例えば1つ行うと100円。積み重ねていけば、1か月で数千円にも。子どもにとっては大金です。ただ、これが思考力を高め、達成感へとつながります。

いつ、なにをどうすればよいか、それを実行するとなにを得られるか。もちろん、お金だけの目的ではなく、**本来の“家族のために”という目的達成が最も大きな喜びに**なっています。

1か月分を給与袋に入れて手渡しする！

まーちゃんから学んだこと

家族は共同体である

子どもはひとりの人格者です。大人の分身でもなければ、持ち物でもありません。そう考えると同じ目の高さで向き合うべきであり、子どもだからといって特別扱いをする必要もないでしょう。もちろん、成長過程によってできること、できないことはあり、それを考慮するのは当然です。

家族は共同体で生活しています。子どももその一員であることを自覚し、家族のための仕事をしていくべき。最初のうちは大人と一緒にすると楽しいでしょう。成長するにつれ、いつやるかの判断も任せます。**できない日があってもよし**。それを認められるのも共同体のあるべき姿だと思います。

できることを増やしていく

体格や筋力、手先の器用さ、手と目との感覚というのは、日々成長しています。未熟であるがゆえに、大人なら簡単にできることもできないという事情があります。まずは、大人がこのことを理解しておきたいですよね。

それを踏まえ、今の段階ではなにができるのか、ちょっとチャレンジしてみようか、などと考えながら試していきます。できなかったことができた場合、子どもも大人もうれしいですよね。その瞬間は、大人が子どもをよく観察していなければ見逃してしまいます。**家の仕事に取り組んでいるうちに、できていることがどんどん増えていく**のではないでしょうか。

気持ちよく行うことで自発性が高まる

目的意識が高いと、効率的に進められ、好結果を生むといいますよね。気分がのらずにやらされて、思うような結果が出なければ、それ自体がイヤになることも。「今、やろうと思っていたのに！」という反応があるかもしれません。子どもも自分のタイミングを知っています。それを説明できる能力はまだありませんが、時に任せてみるのもよいのではないでしょうか。

そして**子どもが自分の意思で行動したら、ちゃんと認めてあげましょう。**それが自発性を高めることにつながると信じています。仕事の報酬は、成長した分を“見える化”することが目的でもあります。

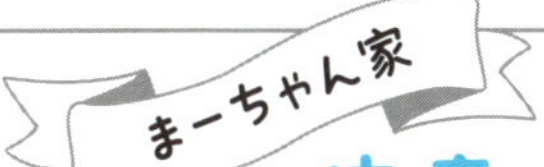

家事の考え方

- 家事は仕事、お手伝いではない
- 仕事(家事)をするタイミングは自己判断
- 仕事(家事)には報酬が発生する
- お金のためではなく、家族のため
- やって当たり前ではない

ヒロアキのイケメンワード

心を柔軟にするのが、フレックス 信頼されているからできることだね

人間の体は関節と筋肉によって柔軟な動きをするよね。「フレックス」という言葉は、「曲げる」という意味合いがあり、転じて「柔軟に行う」ことを意味しているそうだ。体も心もガチガチにかたくなっていると、絶対にケガをするよね。だからこそ、いろいろな物事にフレックスに対応していく（柔軟な考え方でいる）ことが大切だと思うんだ。考え方を柔軟にすることかな。どんなことにも対応できるフレックスな人間になっていきたいね。

チャレンジ 03

自分で準備できるように

［明日にワクワクがあれば苦にならない！］

休日の楽しみは、好きな洋服を選べること。朝の気分で決めたいよね。ちなみに買った洋服はすぐに着るタイプ！

いわれて準備することもある（私も）。自分のタイミングってあるけど、それがこないときもあるから、やっぱり事前準備が大切だよね。

私が準備するもの、自分で準備するものを理解できるようになった。早寝早起きタイプになったのは、私の影響かな!?

翌日の楽しみをつくろう　by ヒロアキ

私自身が直前準備タイプ。それで失敗したことも多々。それが家族でのお出かけが楽しみで、前もって準備できるようになりました。チャレンジはいつからでもOKですね！

まーちゃんから学んだこと

早く準備すれば、楽しみの期間が長い

みなさんはお子さんのランドセルを、入学するどれくらい前に購入しましたか？ 最近は1年前とか、年々早まっていますよね。“早すぎる”かもしれませんが、入学までの1年間を楽しめるともいえます。

旅行やイベントの準備も同様でしょう。前もって準備をする秘訣は、楽しみを見つけられているかどうかだと思うんです。自分（子ども）以外の目的でお出かけするときも、**楽しみを見つけられるようにすれば、準備が億劫（おっくう）でなくなる**と思います。子どもは大人をよく見ているので、まずは大人が楽しんで準備することが大切ではないでしょうか。

自分の持ち物を管理する

「あのハンカチどこ？」「お気に入りのヘアゴムがないよ」など、自分のものの所在がわからないと、時間にどんどん迫られ、本人も家族も気持ちが乱れてしまいますよね。**子どもがうまく準備できていないとき、まず環境を見直し**てはいかがでしょうか。

どこになにがあるのか、それは自分の手で取りやすいところにあるかなど。自分の持ち物を管理できるようになれば、準備もスムーズにいくはずです。その前提に片づけや整理整頓もあるでしょう。ものの整理、時間の整理ができれば、準備だけでなく、さまざまな行動に役立てられるはずです。

準備は想像力を育む

まーちゃんは以前、絆創膏を自分のカバンに入れてお出かけしていました。使うかどうかわからないものですよね。おそらく、自分が転んだときのことを想像しての準備だったのでしょう。

また、まーちゃんは家でお金を管理する財布と、お出かけの財布を使い分けています。お出かけ前に財布にお金を入れるとき、これはなにに使うかを想像して、金額を決めています。必要なお金がないと、出先でのチャンスや楽しみを失ってしまいますからね。**準備の段階で想像することは、しっかり楽しもうという気持ちの表れ**かもしれませんね。

お出かけマストアイテム

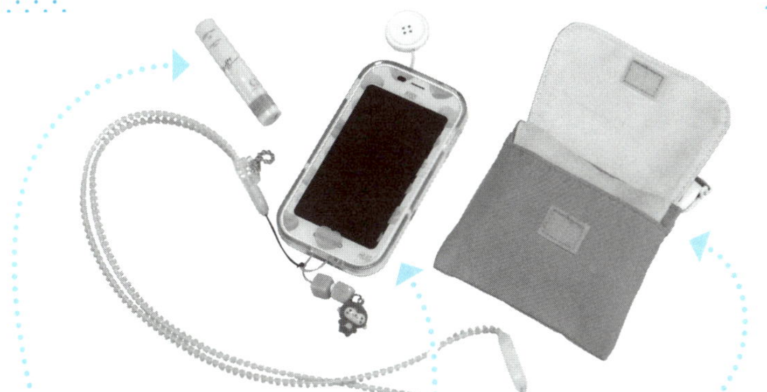

リップクリーム

友だちの影響によるもの。唇を潤す目的より、化粧品への憧れが強い。ただ、身なりを整えるきっかけになっている。出先で使うことの特別感もお出かけを楽しむ要因。

キッズ携帯

携帯電話で仕事も生活も管理する時代。キッズ携帯はその練習になる。我が家では大人も子どもも家族といるときと、必要性のないときはスマホを見ないようにしている。

ハンカチポーチ

小学校に入学して友だちの影響で使い始めた。ハンカチ、ティッシュ、マスクをセットにでき、おしゃれ要素もあって学校の日も休日も欠かせないアイテム。

ものと時間を大切にできる人こそ ナチュラルなHappyを得られる

「お米ってこんなにおいしいものなんだ」と感じたのは、この土地に移住してから。そのお米はみきちゃんが育てたもの。米づくりは苗を育てるところから始まる。米に限らず農業は準備と栽培過程があって、収穫を迎える。とても大変な仕事だけど、みきちゃんは米づくりをとても楽しんでいる。それは、お米を食べる人の笑顔を想像しているからかもしれない。お米ひと粒ひと粒に感謝。ものと時間を大切にすれば、幸福は連鎖するよ。

チャレンジ 04

片づけスイッチをON

［応援しながら潜在能力を引き出す！］

終わった宿題はシュレッダーにかける。工作は残したいけれど、写真を撮ってサヨナラするのもいいね。思い出はシュレッダーにはかけたくない。

部屋を整理しておけば、捨てたくないものの置き場所も生まれる。まーちゃんがはじめてサンタさんからもらった豚のぬいぐるみみたいにね。

キャラクターの小物を収集するのが好きで、自分の部屋にきれいに並べている。これは、ヒロちゃんの影響かな。私には収集ぐせがないので。

メッセージ 04

できたら讃(たた)えよう　by ヒロアキ

大人でも片づけを億劫(おっくう)に感じる人はたくさんいます。私もそう。できて当たり前ではないんですね。だから、できたときは、愛する我が子にヒーローインタビューをしましょう。

まーちゃんから学んだこと

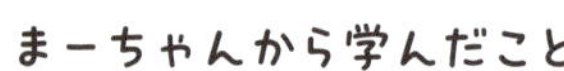

できないことより、できたことが大切

子どもがはじめて歩いたときや、「ママ」と呼んだとき、とてもうれしかったですよね。できることが増えてくると、その感動を忘れがちに。また、できていたことができなくなると、イラだつこともあるでしょう。

人間ってさまざまなことをくり返しながら、成長していきますよね。“できない”ということもその過程のひとつ。だからこそ、**できたことを大切にしたほうがいい**と思うんです。まーちゃんは、自分のものを片づけられるようになりました。だから、片づけができていないときも、大人は簡単には手を貸しません。その代わり、できていたら「きれいだね」と伝えます。

ものの置き場所を決めておく

チャレンジ03「自分で準備できるように」に関連します。どこになにがあるかを把握するためには、ものの置き場所を決めておく必要があるのです。**「あったところに戻す」という行動だと考えれば、片づけのハードルが少し低くなります**。ぬいぐるみの置き場所、小さなおもちゃを入れる袋や箱、本の棚というように、片づけができる環境を整えてみてください。

片づいている空間になると、精神状態もよくなるそうです。我が家は、みきちゃんが常にきれいにしてくれているので、いつも快適です。私はというと、仕事部屋を片づけるので精一杯……（きれいですよ）。

大人は影響力の高いサンプル

家が散らかった状態だと、子どもは「片づけなくてもいいんだ」という気持ちになるかもしれません。きれいなところでは、汚さないようにしたくなるのが人間の心理。気をつけたいのが、一時的に置いておくつもりだったものが、その後もずっと置きっぱなしになること。**“床にものを置かない習慣にするとよい”**といわれています。

保管するスペースは住宅環境によって違うと思いますが、その場合、**物量を考え直すべき**でしょう。「適材適所適量」という言葉もあるようです。その大人の片づけが、子どものサンプルになるのです。

楽しみ変換～片づけ編

巻きこみ型

雛人形やクリスマスツリーの飾りなど、家族のものは一緒に片づける。「来年は新しい飾りを買おうか」などと会話しながら片づけると、作業ではなく楽しいアクションに。

応援型

子どもは親の手助けを求めていなくても、そばにいてほしいもの。そのとき実況したり応援したりすれば、イベント感覚になり、楽しい時間に変わる。

ヒロアキの
イケメンワード

最終的になんでも自分で楽しめるようになってほしい

ドライブって、自分たちだけの空間だから、自由を感じる。実はここに移住してきたころ、車を運転できなかった。都会育ちで、車を必要としなかったから。ペーパードライバー歴が長く、最初は縁石にタイヤを乗り上げてしまうほど下手だった。でも、その運転も楽しんだ。すると、次第に上達し、運転すること自体が好きになったんだ。そうなれたのも、みきちゃんの応援が大きかったと思う。

片づけも同じだよね。誰かが応援してくれる、誰かに感謝される、その感覚が楽しみを見つけるきっかけになるんじゃないかな。車の運転には信号待ちがある。それを無視したら事故になる。子どもが片づけをしていなくても、少し待ってみよう。

就寝時の前説ダイジェスト

「寝なさい！」と強制的に仕向けるのではなく、穏やかな気持ちで入眠にエスコートすることが大切。それはいわば“睡眠の前説的なごっこ遊び”。まーちゃんが好きな前説を紹介する。

キッズスペース面接

子どもたちが利用する施設で、年上のヒロミ(ヒロアキ)がまーちゃんを面接する設定。マウントをとろうとするヒロミだったが、質問すればするほど、逆マウント状態となってしまい……。

子ども同士、キッズスペースという設定が異質！

娘を寝かせるために秘書になる父

社長（まーちゃん）に、秘書（ヒロアキ)がこのあとの予定を説明する設定。声のみの出演で従業員？の小林(みき)が登場。布団を準備する役割。最終的に秘書が社長をお姫様だっこして夢の中へエスコート。

ワクワクする誘われ方だったね。リピートしたい！

第3位 歯磨きマン小林

夜、歯のかぶりものをした小林という謎の人物（ヒロアキ）が、まーちゃんの歯を磨きに訪れる設定。予約客をみきと間違えた瞬間、まーちゃんが工作する手を止めて、立ち上がった。

歯のかぶりものは授乳用のクッションなんです！

第4位 ファンデ使うのはまだ早い

ヒロアキがなにに扮しているのかは不明。お絵描きに夢中で寝ようとしないまーちゃんに肌のケアについて語る。まーちゃんの反応がイマイチで心の肌が荒れそうになるが……。

将来のことを考えて、ファンデの使い方に気をつけます！

第5位 絡み方がディズニーな父

寝る時間になってお絵描きをしているまーちゃんのところに、『美女と野獣』のミュージカル風にヒロアキが登場。自分を描いてもらっていると思っていたヒロアキだったが……。

ディズニーランドってこんな感じ!? 行ってみたいなあ

チャレンジ 05

“おいしい”を探す

［舌を肥やして心を豊かにする！］

嫌いだったものも食べてみると、おいしかったことが何度もあった。お店や商品の特典で子ども心をくすぐるものにはもう引っかからない。やっぱり味でしょ！

食への感謝が一番！ 毎日、みきちゃんの手料理で満たされ、ときに外食でテンションを上げて。嫌いなものがあると幸せを逃すよ。

たまにコンビニに行くことがある。そこでまーちゃんは高級チョコをカゴに入れた。舌が肥えるのもいいけど、財布への気づかいも……。

おいしさに感謝しよう　by ヒロアキ

子どもの成長過程で、味覚は変わるそうです。もし嫌いなものがあってもそれは「まずい」からではないのかもしれません。「おいしい」の感覚は、シチュエーションでも変わりますよね。

チャレンジ

05

無理して食べると本当に嫌いになるひと口の経験で十分いつか好きになるかもしれない

まーちゃんはニンジンが苦手です。ただ、食べられるニンジン料理もあります。野菜に甘く味つけをしたものが特に苦手のようです。ニンジン嫌いの子どもは多いですよね。栄養価の高い食材なので、食べてもらいたい一心で小さく刻んだり、ペースト状にしたりしても、やっぱりダメだったという経験をした人もいるでしょう。子どもは香りや味にとても敏感なので、ニンジンの見た目の存在が小さくなっても気づくらしいのです。ただ、味覚は変化します。

もし、今、食べられなくても、そのうち食べられるようになるかもしれません。どこかのタイミングで、食べるきっかけをつくってはいかがでしょうか。そのときに食材に対してイヤな思い出があると、そのきっかけも受け入れてくれませんよね。**ニンジンが食べられないのであれば、ニンジンの栄養素を持つほかの食材を代用するという考え方も**あります。これは好き嫌いを容認するわけではありません。でも嫌いなものを強要するのも避けたいところです。**一番大切なのは、楽しく食べて、明日を元気に迎えられること**ではないでしょうか。好き嫌いもひとつの個性だと思います。

おやつの食べすぎで食事を残すのはダメ 食事を残してデザートもダメ!?

食べる量は年齢によって、また個人によって違います。その日の体調が関係することもあります。無理にたくさん食べさせる必要はありませんよね。むしろ、ご飯を装ったり、おかずをお皿に取ったりする際に、自分が食べられる量だけにすることを徹底するほうがいいと思います。食べ残しは、食材にも、食材を提供してくれた人にも、料理をつくってくれた人にも失礼です。食品ロスは絶対にダメですね。

まーちゃんは、おかしの食べすぎが悩みのようです。ただ、これは彼女なりに体調を気にしてのこと。夕飯はしっかり食べます。おやつを食べすぎて夕飯が食べられないということには、指導が必要だと思います。**「おやつとは、夕飯までの空腹をつなぐための食べ物」であることを理解させる**べきです。食後のデザートも同じだと思いますが、「甘いものは別腹」という人（みきちゃん）もいるので、一概にダメとはいえません。みきちゃんがいうには、**がんじがらめにするのではなく、“バランスが大事”**とのことです。このバランスがきっと難しいんでしょうね。子どもはバランスをとる能力がまだないと思うので、いつでも好きなだけおやつが食べられる環境にはしておかないほうがよいでしょう。

家族で一緒に手づくりすると食べることも楽しくなる

我が家で料理をつくるのは、ほぼ、みきちゃん。まーちゃんは、いつも「これおいしいよ！」と自然に感想を伝えています。味覚が研ぎ澄まされてきているのかなと思いますが、ちょっと不安になった経験もあります。私がつくった料理で、まーちゃんがおいしかったと記憶に残っているのが、インスタントラーメン。お湯の量が少なくて、汁なし塩ラーメンになったんですが、それが父親の料理で一番おいしかった料理なんです。

時に家族一緒に料理をすることもあります。餃子、たこ焼きが多いですね。料理をしながら会話をし、食べながらも会話です。その**シチュエーションが、おいしさを上乗せする**のかもしれません。シチュエーションといえば、先日、念願の流しそうめんをしました（P121）。みきちゃんが竹を割ってつなげたオリジナル装置での体験。「もっと食べたい」と何杯もおかわりしたまーちゃん。いたって普通のそうめんなのですが……。料理って値段じゃないんですね。ただ、格式の高いお寿司屋さんでも、まーちゃんはバクバク食べていましたが……。

まーちゃんから学んだこと

大人の感覚で子どもの食べ方を判断しない

味覚、臭覚、食べられる量、体調といった子どもならではの特性があります。「なんでおいしくないの？」「なんで残すの？」というのは、子どもにとって辛い言葉かもしれません。ある食材が嫌いだったけど、別の産地の新鮮なものを食べたらおいしかったということもあります。
“おいしい・まずい”の会話ではなく、その食材がどうつくられているか、その産地にはどんな特徴があるかなど、**食にまつわる会話をすると楽しい食卓になる**と思います。こういうのって食育っていうんでしょうか。給食ではおしゃべり禁止のところもあるので、家庭では会話こそ、楽しみたいですね。

食に関わる人への感謝を伝える

教えたわけではありませんが、まーちゃんは、「食材には心がある」といいます。誰にも手をつけられずに皿に残された食材はかわいそうですね。茶碗に米をひと粒も残したくないものです。まーちゃんは、みきちゃんの米づくりに協力することもあるので、とてもいい経験ができています。

ごっこ遊びで飲食店の店員役や、母親役をして料理を提供する擬似体験もたくさんしてきました。**食を提供する側、いただく側、双方の立場を知れば、食への向き合い方も変わる**と思います。まーちゃんの好物の牡蠣を食べに、広島や長崎に行ったときは、とてもテンションが上がっていましたね。

強要しなければ、自己管理できるようになる

基本的に「これは食べたらダメ」とはいいません。何事も経験で、食べてみてどう感じるか、その記憶が蓄積されていきます。「納豆に辛子とキムチを入れるとおいしいのよねえ」というまーちゃん。小さい子どもは刺激物を避けるべきですが、ある年齢になってチャレンジさせることは、新しい感動を得ることになると思います。おやつにしても**「ダメだ」といいすぎるより、どうしてダメなのかを伝える**べきですよね。理解すれば、自己管理できるようになるのです。まーちゃんは、油っぽいものが苦手だと理解しているので、油っぽいものは控えて、体調をくずさないようにしています。

食事をめぐる対立

子どものころから食事のマナーを重んじるヒロアキ。マナーも大切だが、その前に食べることの楽しさがあるべきだと考えるみき。かつてこの考えの違いでふたりはぶつかった。「楽しく食べて、マナーも身につけよう」という結論に至った。

ヒロアキのイケメンワード

「おいしい」+「楽しい」の答えはきっと「ありがとう」なんだ

飲食店を出るとき、お店の人に「ありがとうございました」といって見送られるよね。本当は、食べたほうが「ありがとう」と伝えるべきだ。料理の考案、仕入れ、仕こみといった、お客には見えないところでの労力に感謝をしたい。そしてきれいな料理に舌鼓を打ちながら楽しい会話をできた時間にも感謝したい。「ごちそうさま」という言葉は、食事を終えたというあいさつのように感じてしまう。もちろん大切な言葉だけど、それはお金を出してくれた人（おごってくれた人）へ発するほうがしっくりくる。

チャレンジ 06

[一緒に埃をはらい、誇りを持たせる!]

おじゃましまーす!
本日はご予約ありがとうございます〜
ぐい
ぐい
たいへんご好評いただいています〜
えっ…
頼んでいませんけど…

はあ……頼んでないんですけど……
?
風水…?
お掃除は風水的に玄関からでよろしいでしょうか?
キョロ
キョロ
なるほど〜
それでは取りかからせていただきます〜

えーーっと これはアレだね…
ブツ
ブツ
ブツ
がんばろっ☆
今からきれいになろうね!
パッ
ダン
ダン
ダンッ
これ、弊社の決まり文句なんです〜
はあ……
床に話しかけてる…?

弊社、マナーを大切にしておりまして〜
へへっ
靴下も新品です
おじゃましま〜す
お客さんの家に上がるときは靴をそろえたほうが……

パパとやった突撃訪問の掃除やさんごっこはとても楽しかった。遊びながらやると楽しい！

億劫な掃除でも家族みんなですると、楽しさが勝る。洗車もまーちゃんが一緒にやってくれる。「水が強いよ」って怒られることもあるけど、楽しいね。

まーちゃんは、普段の仕事（洗い物やお風呂掃除など）とは別に、玄関掃除や洗濯をしてくれることがある。“しよう”とする気持ちがうれしいよ。

家族みんなでがんばろう　by ヒロアキ

無理に楽しもうとするのもどうかと思います。結果として楽しかったらラッキーという感覚がちょうどいいと思います。掃除は大変で誰もが億劫なんだから、家族みんなでがんばろうという向き合い方でいいのでは？

チャレンジ06 まーちゃんから学んだこと

家族全員がやるべき仕事

我が家は親戚が使っていた古い家を借りています。住む前はみきちゃんとふたりで、大掃除をしました。すると、見違えるくらいにきれいになったんですね。それは気持ちのいい感覚でした。今でも毎年、家族全員で大掃除をします。掃除の衣装（我が家ではオーバーオール）を着て、掃除道具をそろえ、掃除業者に扮して大掃除すると、それはもう**一大イベント**です。車も家族の共有物。家族で掃除することもあります。

片づけや掃除をする気になる環境づくり

前の食事の食器が流しに残ったままでは、次の食事の準備もしたくなくなりますよね。頑固な汚れが落ちにくいように、掃除はできるだけこまめにしたほうがいいことはご承知の通り。先にも述べましたが、床にはものを置かないほうが、また、ものを重ねて置かないほうがいいです。ものを移動させてから掃除という流れになると、それは億劫です。

また、**掃除道具も取り出しやすいところにあるとよい**でしょう。子どもに「玄関を掃除して」とお願いする際、ほうきとちりとりがすぐに取り出せるところにあれば、あとは心のスイッチを押すだけ。これが難しい……。

「自分のことは自分で」は子どものうちから

我が家の環境整備は大人が中心に行います。まーちゃんがメインに管理するのは、自分の勉強机と子ども部屋です。散らかっているとき、つい手を出したくなりますが、そこはがまん。もし、手助けする場合も、本人に伝えてからがいいと思います。学校の上履きを洗うのも、自転車のタイヤに空気を入れるのも、まーちゃんの役目。**自分が使うものは自分で管理するという意識づけは、子どものころから**できると思います。ちなみに、まーちゃんの勉強机は縁側に置いてあり、そこは洗濯物を取り入れる場所なので、アイロンセットが勉強机に置かれています。これも利便性のひとつ!?

まーちゃんの 掃除の様子 ～心のスイッチが押された！

学習机

小学校入学時に知人からいただいたL字型のデスク。棚にはカゴに収納したものを入れ、置き場所を区分けしている。友だちが来る前日、一気にきれいになる。

学校の上履き

休日にしなければばならない。日曜日が雨なら土曜日に洗わなければ乾かない。100%実行できているわけではないが、できるときはやる！ それでいい!!

自転車整備

自転車で出かけることもしばしば。タイヤの空気圧が少なければ、自分で空気を入れる。バルブキャップはなくしがちなので、注意が必要なことも学んだ。

ヒロアキのイケメンワード

掃除のビフォア・アフターから“人も変われる”ことを感じられる

掃除がいきとどいた環境にいると、ストレスを感じにくいそうだ。「きれいな空間になれば、人生が変わる」といっても過言ではない。それは、人が変わるとも置き換えられる。

もし、今の生活がうまくいっていないなら、まずは掃除をしてみてはいかがだろうか。空間がきれいになるだけでなく、忘れていたものが見つかるかもしれない。掃除をしたあとに鏡を見れば、“変われた自分”に出会えるはずさ。

チャレンジ 07

朝のリズムづくり

［「起きられた」偉業に賛辞を贈る！］

ママの声で目覚め、居間で二度寝し、ママの「時間が来たよ」の声かけでスイッチオン。時間に余裕があれば、トイレもゆっくりできる！

二度寝からのスイッチオンは、私の遺伝かも。深夜まで仕事をしているので、朝はつき合えないのが残念。夢の中で一緒にいるからね。

通学に時間がかかるため5時半起き。それが定着したのはすごい！ 入学当初は登校という制約に縛られていたけど、今では自分のリズムをつかんでいる。

起きたい目的をつくろう　by ヒロアキ

「翌朝早く起きるために早く寝る」というのは当たり前すぎるので、「夜早く寝たいから、早く起きる」という目的にしたらどうでしょう……。朝に楽しい目的があるといいですね。

チャレンジ 07

まーちゃんから学んだこと

起きられない理由がちゃんとある

睡眠時間や睡眠の質については、科学的に解明されていないといわれていますよね。ロングスリーパー、ショートスリーパーというような個人差もあるでしょう。また、「寝る子は育つ」という言葉がありますよね。

朝起きられない場合、もしかしたら本能的に“育とう”としているのかも。真相はわかりませんが、夜寝るのが遅かった、体調が悪い、学校でイヤなことがあった、親にあまえたいなど、起きられない理由があると思います。**「起きなさい」の前に、その理由を探すのが大切**ではないでしょうか。早く寝てしまったときに「疲れたのかな」と思うのと同じかもしれません。

“起きたこと”を認めると、自信になる

早寝をしているとはいえ、朝5時半に起きるまーちゃんも、5時には起きているみきちゃんも尊敬します。私は夜中に仕事をしているとはいえ、朝弱いタイプなので。まーちゃんも休日の朝はゆっくり起きます。

平日は学校に行くという目的があるから、起きるスイッチが入っているようです。それは「起きたい」という意思があるからかもしれません。**起きることができた実績が、起きることの自信になり、「起きたい」という意思に発展**していったように感じます。自信は行動に表れます。まーちゃんは、時計の針を3分進め、時刻通りにやることを決めているようです。

自分だけのリズムがあったっていい

朝日を浴びるとセロトニンという物質が生まれ、心を安定させるそうです。このセロトニンはメラトニンという物質の材料になり、夜になると睡眠を促してくれるといわれています。体内時計もありますよね。

こうした人体科学的な要因もありますが、時間の使い方には人それぞれのリズムがあると思います。**居心地がいいと感じるリズムによって、お決まりの手順（ルーティン）ができあがる**のではないでしょうか。小学校3年生になって、自分のリズムをつかめたまーちゃん。1、2年生のときに親が焦りすぎていたら、そのリズムは生まれなかったのかもしれません。

朝のリズム

5:30

みきちゃんから声をかけられ、目を覚ます。まだ眠い。

5:30〜

座卓（冬はコタツ）で二度寝。眠りの浅い状態でゴロゴロ。

6:00

「時間が来たよ」の声かけで立ち上がる！朝の支度を開始!!

みきのインフルエンシャルワード

眠れない夜はない、起きられない朝もない 太陽の光が私を導いているだけ

　好きなときに好きな情報を得られる時代になったわ（夜のテレビドラマも別の時間に観られる）。それって私を生きやすくしてくれているともいえる。夜、テレビもスマホも見る必要はない。娘の隣に横になって顔を見ていると、気づいたときはもう朝。毎日がすてきな朝よ。だって起きて一番に娘の寝顔を見られるのだから。その次に見るのは晴れていたら太陽の光。花が太陽のほうを向いて育つのと似ているのかもしれない。ちなみに、ヒロちゃんは太陽の沈むほうの書斎で、すやすやと寝ているわ。

チャレンジ
08
言葉を格上げする

[ポジティブ語は心に届く！]

※「そうなの？」と同義語の「おうちごっこ」独自のワード

パパは子どもにも大人の言葉を使う。知らない言葉はその都度、意味と一緒に覚えた。ごっこ遊びでギャル語も覚えたけど、これは小学校では通じない……。

人からいわれて気づいたのが、まーちゃんはよく「確かに」という言葉を使う。他人を気分よくさせるワードらしい。動画で自分がよく「確かに」といっていた！

まーちゃんからもらった手紙に「感謝状」と書いてあった。「感謝」という言葉を知らなかったけれど、ヒロちゃんに教わったらしい。その行為に感謝！

ポジティブ変換しよう　by ヒロアキ

楽しめる力、いいことを見つける力こそ、生きていくうえでの最強の能力。この本がおもしろくないと感じた場合、その能力を最大限に発揮してください。

まーちゃんから学んだこと

子どもの言葉づかいのサンプルは親

私は東京生まれ、東京育ちの生粋のシティボーイ。ごっこ遊びでさまざまなしゃべり方をしますが、ベースは標準語です。一方、みきちゃんは肥後弁。まーちゃんはその影響を受けています。それが子どもの言語習得というものなんだと思います。**言葉の選択、話し方、話すときの姿勢、すべてのモデルは親**。子どもが不適切な言葉を使っていた場合、ふと我に返ります。友だち、テレビ、動画の影響力もあると思いますが、"親の影響力が勝るべきだ"と考えています。また、聞く姿勢が肝心で、大人はなにかをしながら会話することが多くなりますが、子どもと目を合わせることを心がけています。

おもしろい言葉でも誰かを傷つけたらアウト

社会にはさまざまなハラスメントがありますよね。その基準は、傷ついた相手がいるかどうか、でしょうか。同じ言葉を発しても、受け止め方でその言葉の威力のようなものが変わると思うんですね。子どもの存在にかかわらず、悪口は世の中からなくなればいいですよね。悪口をいった人でさえも気持ちよくないでしょう。ただ、悪口になりそうな言葉も、**楽しい言葉に置き換えると印象が変わる**と思います。そこに"愛"があれば、ですけれど。これをできるのは、深い間柄の人に対してだけと、限定されるかもしれません。

伝えたいのは、愛のこもった言葉ではないでしょうか。

言葉の意味を知れば語彙力が高まる

子どもは毎日、新しい情報を収集しています。言葉にしても日に日に覚えていき、その能力に驚かされます。これも親子の会話がメインでしょう。

そのときに気をつけているのが、**"子どもは発した言葉の意味をちゃんと理解できているのか"**ということ。私はまーちゃんが理解できるまで、伝えるように意識しています。それが功を奏しているのかはわかりませんが、まーちゃんの語彙力は高まっています。ただ、まーちゃんは読書家でもあります。もしかしたら、本から言葉を覚えているのかも……。仕事の関係で朝は会えませんが、夕飯は3人一緒で、たくさん会話をしています。

ポジティブワード変換例

不快なにおいに対する表現で、不適切な言葉というわけではない。しかし、これが人に対して向けられた場合、不適切な言葉になってしまう。ヒロアキに対する言葉なのだが、事実を無視することもできず、適切な言葉に変換する必要があった。

くさいの「く」のみを残してポジティブ変換。「ッ」の促音と「ピ」の半濁音は、かわいらしい響きになる。カタカナ表記が適している。使い方は「パパのお口、クッピー」など。いわれても不快にならず、その響きからむしろ「ハッピー」になれる。

子どもが小さくても目の高さは同じに成長したときに自然に目線が合う

子どもに限らず、意識を自分に向けられると安心するよね。目線を合わせることが、意識を向けているメッセージになる。子どもが小さいと、大人が姿勢を変えなければだいたい上からの目線になってしまう。そこに距離感が生まれる。できるかぎりしゃがんで子どもと同じ目の高さにする。

会話が終われば、その姿勢のままハグに移行すればいい。ハグには幸福感や満足感、快楽感を生み出す効果があるそうだ。メガネを外した視線を知っているのは、まーちゃんとみきちゃんだけなのさ。

家族日記　まーちゃん編

○月×日

私は家族との日常が楽しいです。ケンカしたり、学校のことを話したり、誕生日を祝い合ったり、「夏休みなにする？」と話し合ったり、動物園や遊園地で遊んだり、運動会を見にきてもらったり、たくさんの思い出があります。私は、この幸せな家族に生まれてきてよかったと思っています。

東京への家族旅行も思い出です。はじめて浅草寺の雷門を見ました。雷門のちょうちん下にあるリュウのちょうこくを見たときは、とてもワクワクしました。アニメが好きなのでラジオ会館もとても楽しかったです。電車に乗ることもしんせんで、会話が聞こえてきたり、みんながケイタイを見ているのが不思議だったり、東京には見たこともないものがたくさんありました。

これからも家族でいろいろなところに行ってみたいです。もう一度、いいます。私は、この幸せな家族に生まれてきてよかったと思っています。

2章

家族で遊ぶ子は育つよ編

チャレンジ 09

家族総出でごっこ遊び

［ 擬似体験で想像力を育む！ ］

自分以外の人を演じることで、想像力が広がったかな。ごっこ遊びのきっかけをつくってくれたパパに感謝。ごっこ遊びを発展させているのは、ママと私だけど。

リアリティの追求！ まーちゃんがアンケートをとるごっこ遊びをしていたとき、住所（個人情報）を聞いてきたので、すぐに訂正。遊びでも設定は大切。

最近はまーちゃんが監督で、ヒロちゃんが演者。私はごっこ遊びのフォロー役といったところ。ままごとは小さい子どものうちだけど、ごっこ遊びは永遠。

「ごっこしよう」と誘おう　by ヒロアキ

仕事でロールプレイングってありますよね。本番前に職場で練習するもの。「ごっこ」もそれと同じです。ごっこなら失敗も許されますから。

チャレンジ 09

想像できない物事は怖いもの ごっこ遊びで擬似体験をし、安心させる

お子さんがはじめて注射をした、歯医者さんに行ったときのことを覚えていますか？怖がって泣いてしまうのがよくあるパターンですよね。まーちゃんにとっても歯医者さんは、経験したことがないのでちょっと怖い存在になっていました。そこで、ごっこ遊びで擬似体験。楽しめれば、歯医者さんの印象が変わります。歯がぬけそうなときも、妖精が歯をぬく、ぬけた歯は妖精が持っていくという設定にすれば、ファンタジーな気分に。これはヨーロッパに伝わる話で、それを知ることも学びになりました。

経験したことのない物事で、ネガティブなイメージを持ったとき、ごっこ遊びはとても有意義になります。大人でもはじめての体験は怖いもの。それでも人生のさまざまな経験や、情報収集によって不安を和らげていると思います。子どもにはその術(すべ)がありません。言葉で伝えると、リアリティを感じられないことも。ごっこ遊びでの体験は、大人でいう経験に値するものかもしれません。なによりも遊びですから、楽しいんですよ。子どもだけでなく、大人も楽しめます。

小さな経験、成功体験の積み重ねで 子どもはあらゆる能力を伸ばしていく

食事において、子どもは最初、大人に食べさせてもらいます。次に手、スプーンやフォーク、箸へと進んでいきます。スプーンを使いこなせなければ、箸を上手に使えません。子どものあらゆる成長には段階があります。

そして、**子どもが求めているのは「できた！」という感覚**。これは成功体験です。お店でなにかを買う場合、ごっこ遊びでの買い物

が、小さな経験と成功体験になります。

お店ごっこは、準備から始まります。日ごろのお出かけでお店の様子を観察しており、それを家で再現します。店構え、商品の陳列、お金の準備、ときにはメニュー表の作成など、やることはたくさん。そして、店員になるか、お客になるかの役を決めて、楽しく遊びます。私が思うには、観察力、想像力、空間認識能力、整理力、コミュニケーション力、言語化能力、計算力、集中力、継続力などが養われています。ほかにも養われている能力があるかもしれません。**経験を積んで、成功体験を得て、さらにあらゆる能力が育まれる、それがごっこ遊び**です。

子どもが大人役に、大人が子ども役に相手の立場になって考えられる

まーちゃんは、小学校に入る前には、さまざまな職業を体験しました。もちろん、ごっこ遊びでのことです。母親を演じるときは、きっと、みきちゃんがモデルになっていると思います。そのときの子ども役は私です。ごっこ遊びをしていると、「子どもは大人をよく見ているな」と感じます。子どもが演じることで、気づかされることも多々ありますから。また、子ども役では目線を下げるために、しゃがんで動きます。すると、子どもと同じ視界を感じることができるんですね。

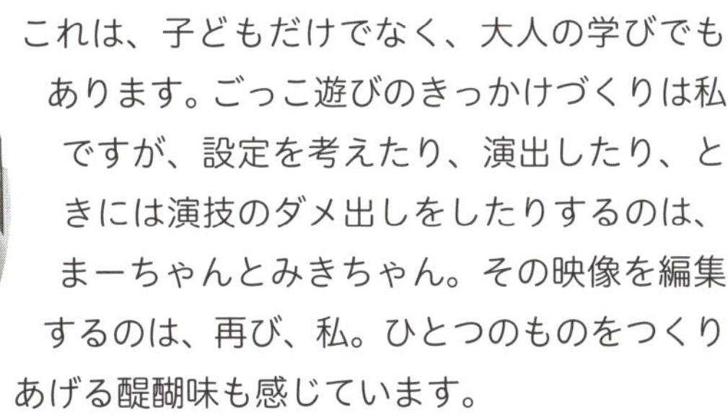

ごっこ遊びであらゆる役を演じることは、その人の立場で物事を考えられることにもつながります。これは、子どもだけでなく、大人の学びでもあります。ごっこ遊びのきっかけづくりは私ですが、設定を考えたり、演出したり、ときには演技のダメ出しをしたりするのは、まーちゃんとみきちゃん。その映像を編集するのは、再び、私。ひとつのものをつくりあげる醍醐味も感じています。

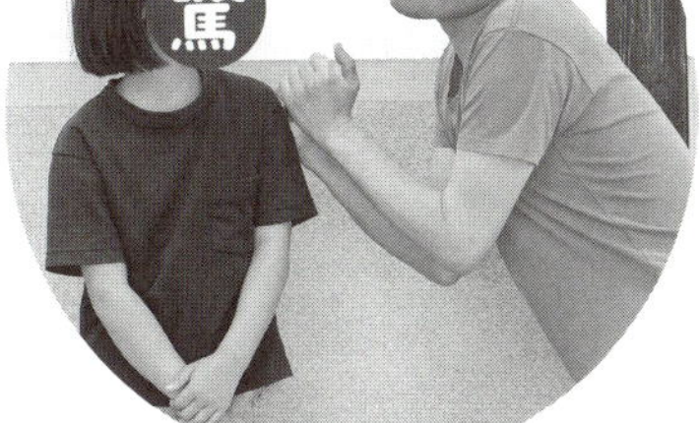

まーちゃんから学んだこと

家の中でさまざまな経験ができる

アニメキャラやヒーローのまねっこをすることは、どのお子さんでもありますよね。憧れるものを演じるのも楽しいです。ごっこ遊びでは、逆の発想も。例えば、節分のごっこ遊びでは、鬼役を私とまーちゃんが演じました。豆を投げられる鬼の気持ちを知ることができました。
“自分の気持ちを伝えること”、“相手の気持ちを理解すること”、これがあれば人生やっていけると思いませんか。**最も価値のある経験は、人の心をわかろうとすること、そして自分の気持ちを伝えること**。そのために必要な能力がプラスされていくものだと考えます。

能動的なエンタメを知る

まーちゃんはお笑いが大好きです。動画で漫才やコントを見ることもあります。テレビゲームも好きです。ドラマやアニメも見ます。これらは、すべて受動的なエンタメですよね。ごっこ遊びもエンタメですが、自分が動いて楽しむという、能動的なエンタメです。自分が動くからには、思考がフル回転。まーちゃんが21時には疲れてぐっすり眠れるのは、体も脳も心もエネルギーを使いきっているからかもしれません。**能動的なエンタメを知ると、人を喜ばせたいという気持ちに**なるそうです。今となっては、友だちを笑わせることが、まーちゃんが学校に行くひとつの目的です。

親子の距離がグッと縮まる

動画の視聴者さんから「演じるのは恥ずかしくありませんか？」と質問されることがあります。これは性分にもよると思いますが、“自分が経験した役を演じるだけ”と考えればハードルが下がるのではないでしょうか。**ごっこ遊びは、日常の会話とはまた違った、コミュニケーションが生まれます**。我が子の発見だけでなく、自分自身の発見もあります。お互いに刺激を受けて、親子の距離はさらに縮まっているなと感じています。

私は動画を配信していますが、その動画を家族で見るのも有意義です。何年か先に過去の動画を見ることも楽しみです。

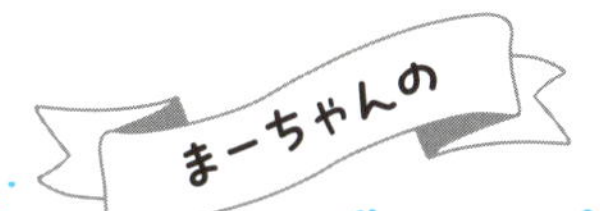

ごっこ遊びの来歴

これまで演じた大人役

母親・妻（多数）／教師（多数）／店員（多数）／社長／会社員／アルバイトの先輩／清掃員／引越し業者／旅館スタッフ／マッサージ師／料理家／裁判官／脚本家／プロレスのレフリー／アイドル／ラジオパーソナリティ／Perfume／ラッパー／ドラマー、ほか多数

どの役も楽しかった！
特別な役はないけど、
大人の役が好き!!

ヒロアキの
イケメンワード

人生は自分で自分を演じるもの そこに恥ずかしさなど必要ない

恥ずかしいという感情は、信念のともなっていない行動のみに生まれるもの。私は、妻と娘を笑わせるという信念を持っている。それが私の人生。そんな自分を演じているっていってもいいかな。

生きることに恥ずかしさなんてない。一生懸命に生きている人を誰が笑う？ たとえ笑われたとしても、それは幸せな世の中になったと思えばいい。大丈夫、誰かが必ず応援してくれている。ファイト！

チャレンジ 10

家族イベントの計画

［何気ない日常を特別に変える！］

イベントで楽しいのは、準備だよね。サプライズはさらに楽しい。その場合、当日まで絶対に秘密にする。それが、私の信念！

行事は昔から代々伝わってきたもの。自分たちの親が行事を大切にしてくれたように、自分たちも大切にして家族の思い出をつくっていきたいよね。

なにより、おいしい料理を家族みんなで一緒に食べるのが、イベントの醍醐味。計画しているときから、おなかがすいてくる〜！

イベントを計画しよう！　by ヒロアキ

スポーツや演劇、学校の発表会など、本番は一瞬で、その何百倍もの時間をかけて練習をしますよね。その期間を楽しめたら最高！ イベントの場合は、計画から楽しめます。

まーちゃんから学んだこと

年中行事で節目節目を祝う

誕生日、母の日、正月、節分、ひな祭り、ハロウィン、クリスマス……。毎月、なにかしらの行事があります。伝統行事はその意味合いを知りながら楽しむもの。誕生日やクリスマスはパーティですね。誕生日の場合、我が家ではまず家で楽しんで、さらに親戚とお店で食事会をすることも。これらの行事は、すべて"お祝い"だと思います。**お祝いは誰かに感謝したり、誰かから感謝されたり。心と心のプレゼント交換**ですよね。

こうしたイベントが一年の節目となり、それは刺激でもあり、いつしかかけがえのない思い出になります。

親子で一緒に計画と準備を楽しむ

ごっこ遊びは、ひとつの創作物だとも思います。企画、準備、演出のすべてを家族みんなが楽しむことで完結します。家族イベントも同じです。

以前はイベントの発起人は私かみきちゃんでしたが、最近ではまーちゃんが発案することもあり、成長を感じます。イベントをするのに計画や準備が大変だと思う人もいるでしょうが、なにかに縛られるものではありません。**楽しくやるだけでいい**のです。大変だと感じるなら、その部分はやらないくらいの気持ちで十分だと思います。我が家では、クリスマスのリハーサルをするなど、ひとつのイベントを事前に楽しんでいます。

親の自己満足が子どもの喜び、さらに親の喜びに

子どものためになにかしようと考えるのは、一種の親の自己満足かもしれません。ただ、実行することで子どもが喜ぶのも事実で、その笑顔を見て親も幸せな気持ちになれます。**イベントは"誰かのために"というコンセプトがあれば、絶対に成功する**と思います。

特に誕生日などのサプライズイベントは楽しいですよ。お祝いするほうが当日までドキドキして、むしろお祝いされる人より楽しめているように感じます。お金をかける必要はありません。サプライズでうれしいのは、言葉だったり、手紙だったりしますから。映像を残しておくのもおすすめです。

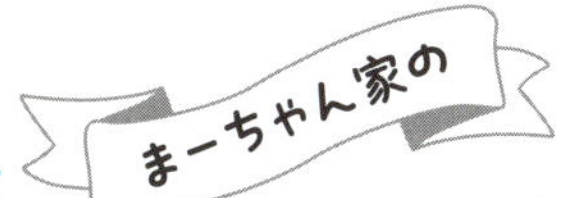

イベント実行委員会

プロデューサー

人を楽しませることの喜びを知ってから、イベントの中心はまーちゃん。柔軟な思考力があり、アイデアがどんどん湧き出てくる。“おもしろいこと”を考える生活に。

ディレクター

料理、コスプレなど、創作力に長けており、プロデューサーのアイデアを形にしていく。涙腺はゆるいが、物事を冷静に見る特性を持ち、バランス感覚にすぐれる。

外注先

計画に基づき、さまざまな役に扮してイベントを盛り上げる。台本も用意するが、基本的にアドリブ。一気にすべての者をヒロアキワールドに導いていく。

誰かを喜ばせたいなら
毎日をイベントにする

「まーちゃんは、誰よりもパパを幸せにします」といってハグをされた日がある。この日は特別なことがあったわけでもない。それでもこの日のことは一生記憶に残るだろう。経済的に苦しかったとき、一杯のうどんを3人で食べたこともあった。今となってはご馳走だったと感じている。

そういった意味で、我が家は毎日がイベント。イベントという言葉には「心に残るような出来事」という意味があるらしい。

チャレンジ 11

休日は外遊び

［行動しないと、気づきは生まれない！］

体を動かすことが大好き。小さかったころはよく泣いていたけど、もう泣かない！ 鬼ごっこで逃げるときに大声が出るけど、田舎だから迷惑にならないよ。

運動も子どもの成長を感じられることのひとつ。単純に動きまわって楽しそうにしているまーちゃんの姿を見たい、という願望もある。

外で遊ぶほうが気楽なときもある。運動担当は主にヒロちゃんだけど、私もまだまだ動きます。はじめてのピクニックは、11月で本当に寒かった。

子どもの挑戦を見よう　by ヒロアキ

なにかに夢中になったり、取り組んでいたりする人の姿は美しい。それが我が子だったらなおさら輝かしいものです。スマホを見るより、子どもの姿を見ましょう。

チャレンジ 11

まーちゃんから学んだこと

なにもないから一緒に楽しめる

今、ヒットしている遊びを知っていますか？　答えは、鬼ごっこです。一説では平安時代の五穀豊穣を願う“鬼ごと”というのが始まりのようです。超ロングヒットの理由は、楽しいから。**「ごっこ」の意味は、一緒になにか同じことをすること**です。鬼ごっこは誰かが鬼に扮しますが、とにかく走るというアクションを一緒に楽しみます。もちろんずっと鬼ごっこだと、飽きますよね。あとはボールがひとつあれば、我が家は十分楽しめます。ドッジボールやバスケットボールなど、学校の体育の練習になることもあります。

子どもの成長と表情を確認

子どもは成長するにつれ、親とだんだん遊ばなくなります。**遊びから情報を得られるのは今のうち。**外遊びでは、無邪気に遊ぶ子どものナチュラルな表情を見ることができます。走るのが速くなった、体をうまく使いこなせるようになった、体力がついたなど、身体能力の成長を感じとれるのもうれしいですね。

サイクリングをすることもあります。大自然というロケーションもありますが、都会でも一緒に風を切って走ると楽しいと思います。

自転車のサイズアップも
子どもの成長の証し。

暇だと思うと、気づけるものにも気づけない

だだっ広い原っぱに大人が数人が集まった場合、みなさんはなにをしますか？　おしゃべりくらいですかね。ところが子どもは違います。ちょうちょが飛んでいれば目で追いかけ、花を観賞し、雲の動きを眺めたりもします。

雨が降れば外出できませんが、そこで「日本には雨を表現する言葉はいくつあるでしょう？」というクイズに発展。400語以上あるそうです。すると、子どもはどんな言葉があるか知りたくて調べます。**小さな気づきから、学びが生まれてくる**のです。「なにもすることない、暇だあ」って思っているだけでは、受動的なエンタメしか楽しめなくなるでしょう。

道具なし遊び

鬼ごっこ

定番中の定番。何度もやっているけど、まーちゃんは追いかけられるとき、「ギャー!!」と大声を出しながら逃げる。元気な声を聞けるだけでも幸せを感じられる。

かくれんぼ

定番中の定番。鬼ごっこよりも前に始まった遊びともいわれる。当初は山に女性が隠れ、男性が探すという愛情確認のものだったらしい（諸説あり）。

とび箱

人間がとび箱に扮する。ローマ時代に原形があったとされる。とび箱になった親は子どもに「自分を飛び越えてほしい！」と願うのが、楽しみ方のコツ。

追うも逃げるも笑顔
大人になって追いかける魅力を知った

若いころは「モテたい！」という単純な思いがあったけれど、今は違う。結婚して子どもが生まれたのに、私はみきちゃんを追いかけているような感じがしている。それがとても心地いいのだ。鬼ごっこでまーちゃんを追いかけるときも同じ。鬼に扮しているのに、笑いながら追いかけている。背中に手が届きそうになったとき、タッチするのを躊躇してしまうことも。追いつけるかどうかの距離をずっとキープして走り続けたいものだ。

チャレンジ 12

サプライズでお祝い

［家族の気持ちを想像して、行動する！］

プレゼントをもらったり、お祝いされたりするのはうれしい。最近は自分が仕かけ役になって、パパとママを喜ばせるのが好き。手紙も書くよ。

期待する、期待される、どちらも裏切らないのが、我が家。誕生日にまーちゃんとみきちゃんからもらったカバン、当日まで気づかなかった。

まーちゃんからの手紙は宝物。毎度、涙がこぼれ落ちる。振り返ると、当時を懐かしむだけでなく、成長したまーちゃんの今を喜べる。

感謝をカタチにしよう　by ヒロアキ

プレゼントだけでなく、手紙や言葉、笑顔、すべてが感謝を表現するものです。自分より誰かの気持ちを大切にできるイベントにしましょう。

まーちゃんから学んだこと

"家族のことをどれだけ知っているか"を確かめる

自分が楽しいことは、見つけやすいものですが、それが他人を楽しませる、喜ばせるとなったら状況は違いますよね。家族の誕生日などのお祝いは、その人の気持ちを一番に大切にするイベントです。なにがほしいのか、どうしたら喜ぶのかを推測するには、日ごろのコミュニケーションが重要です。

我が家は3人家族なので、サプライズイベントの主催者は、2人。**計画しているときは、お祝いされる人のことを語り合います**。自分の話より、家族の話が中心になるのです。このときに「そうだったねえ！」と気づくこともあり、家族のことをさらに知ることに。きっと絆も深まっています。

普段から愛情を自然に伝え合う

子どもは成長すると、感情を表に出すことに恥じらいを覚えることもあります。「ありがとう」「おめでとう」「ごめんね」という言葉を素直にいえない時期もあるでしょう。無理にいわせるのは、言葉の意味を見失ってしまうことになりかねません。その感情になって発せられるものですから。我が家では、**日常的に愛情を言葉で表現**しています。これは夫婦間も同様で、まーちゃんの前でも「おやすみ、大好きだよ」と言葉を交わしています。

愛情をやりとりすると、当然よい雰囲気になりますよね。人間、誰しもよい雰囲気を求めますから、愛情を言葉にすることに躊躇がなくなります。

生まれてきたことに感謝する

祖父母の誕生日もお祝いをすることがあります。私としては子どもなので、「ありがとう」という気持ちになります。まーちゃんへのお祝いにも「ありがとう」という気持ちに。そして、自分の誕生日には、親と子どもの両方に「ありがとう」という気持ちになります。誰かを祝うときも、自分が祝われるときも、生まれてきたこと、生き続けることに感謝できるのです。

お祝い事に形式はあるかもしれませんが、それ以上に大切なものがあるのではないでしょうか。**「感謝」を家族で共有できれば、どんなことも乗り切れる**と思います。サプライズは感謝の色づけです。

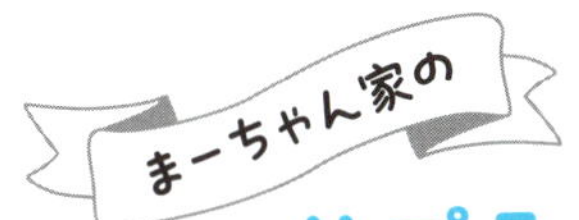

サプライズ3選

プレゼント

事前リサーチをすることもある。その人が今、なにを求めているかを考えるだけでも楽しい。

手紙

まーちゃんは、手紙を書くために、習っていない漢字を覚えることもある。肉筆には心が表れる。

笑顔

祝う人の笑顔、祝われる人の笑顔（みきちゃんは涙笑顔）は、買ったり準備したりできないもの。

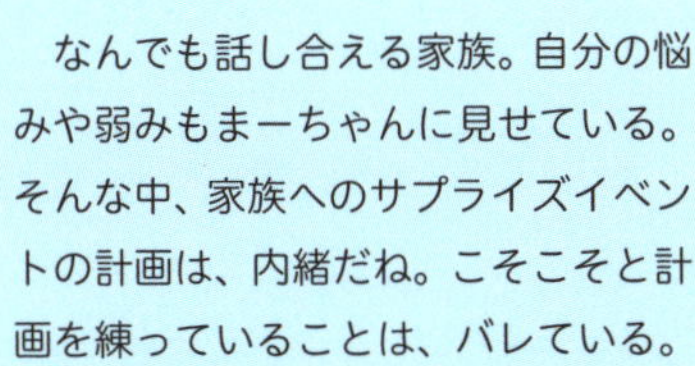

家族間で唯一許される隠し事 それは家族を祝うための計画

なんでも話し合える家族。自分の悩みや弱みもまーちゃんに見せている。そんな中、家族へのサプライズイベントの計画は、内緒だね。こそこそと計画を練っていることは、バレている。それでもいいんだ。自分がサプライズされるときも、みきちゃんとまーちゃんがなにかしていることに気づいている。隠し事だとわかっても容認できる。気づいていないことを演じる自分。それもごっこ遊びのひとつの役柄なんだ。

議題「公園で見かけた親について」

父親のタイプ別勝手に査定

公園は親子のごっこ遊びの聖地。ほかの家族を見て気づかされることもある。ここでは父親に注目してみた。

子どもがマネしちゃいそう。

まあ、そういうときもあるよね！

なにを見ているのか、率直に気になる。

いいと思うよ！ 楽しそう!!

イヤだなあ。
負けた気がして悔しい！

ぜひ、参加してみたい！

こ、こわい……。

肩に力が入りすぎてない!?

これがこの人の
スタイルなんだろうね！

YouTube「おうちごっこ」公式チャンネル
https://www.youtube.com/@outiggko
「公園にいるお父さんまとめ。」

公園じゃなくて、キャンプ場？

やっぱ、負けた気がする！

おもしろいお父さん!!

隠し事はしないでよー！

公園でタバコを吸うのは
やめましょう！

もしかして……、
ヒロちゃんじゃん!?

ちょっとうるさい！

まんま、自分じゃん！

私には見慣れた光景（笑）

解説します！

どこの町にも公園がある。人間が求めている場所であり、親子がここで得るものも大きい。過ごし方は自由だが、いつまでも子どもが「公園に一緒に行こうよ！」といってくれるような過ごし方を大人は考えるべきだ。

■2024年12月時点の情報です。■ PC/スマートフォン対象（一部の機種では利用不可の場合があります）。■ パケット通信料等はお客様のご負担になります。■ システム等の事情により予告なく公開を終了する場合があります。 ■左記YouTubeアカウントは、「おうちごっこ（@outiggko）」が管理・運営しています。株式会社KADOKAWAではお問い合わせ等をお受けしていません。

チャレンジ 13

家庭内プレゼン

［欲求に応える前に魅力をPRさせる！］

ほしいものはたくさんある。ただ、「本当に必要かな」って考えていると、「なくてもいいか」と思えるものも。そんなときは、貯金！

プレゼンは論理的に話すことで、相手に提案するものの価値が伝わる。この話法に匹敵するのが、熱量！ 世の中のチャンスは情熱でつかめるよね！

物欲に乏しい私は、まーちゃんとヒロちゃんにプレゼンされる側。プレゼン途中で「OK」になっているのに、プレゼンは長々と続き……。

家族でプレゼンしよう　by ヒロアキ

人生、思い通りにいかないことのほうが多い。その場面場面で必要になるのが、自己制御力です。本質を正しく理解するために、プレゼン制度が役立ちます。

チャレンジ
13

物事の本質を知るには、考える機会が必要 欲求を満たしたときの状況を想像する

後悔することを恐れていては、窮屈な人生になってしまいますよね。そのときにほしいと思って買ったものが、少し時間が経っただけで不要になるというのも、後悔の経験です。ただし、その経験をくり返すのは、なんの進展もありません。子どもは好奇心旺盛です。目の前にあるものに魅力を感じ、衝動的にほしいと思うことも必然です。その**好奇心を遮る必要はありません。一緒にそのものの魅力を共有しましょう**。子どもは気持ちを共有できることで、ひとつの欲求を満たします。

この過程を踏んだうえで、**そのものが本当に必要かどうかを考えさせてください**。買ったあとにどのようにして楽しめるか、どのように管理するか、ほかのものよりもすぐれているか、など。所有する物量には限界があります。おもちゃなら、置き場所がなければ、なにかを手放さなければなりません。今、自分の手元に置いておくべきものかどうかを考えて、「ほしい」となればお買い上げとなるでしょう。まーちゃんの場合、考えている途中で「やっぱりいいや」となることが多々あります。

物事とお金の価値を結びつけることで判断する力と責任力を養える

高いから買わない、安いからいいよ、という考えはありません。もちろんお金との兼ね合いは大切ですが、「安物買いの銭失い」(安いものは品質が悪くてすぐに使えなくなり、結局お金が無駄になる)ということわざがあるように、一概に金銭的価値だけでは判断できません。安くても価値を感じれば問題ないですよね。要は**判断して買ったものには、それを大切にする責任がともなうことを子どもに伝えた**

いのです。その判断において、所持金から高い、安いの感覚を持つことはあって当然です。子どもがお店で的確な判断をするのは難しいですね。そこで、**プレゼンのごっこ遊び**をおすすめします。私がみきちゃんとまーちゃんにプレゼンして、結果、買うのをやめようと判断することもありますよ。

また、これは食べ物や外食でのお店選びでも同様です。例えば、まーちゃんは回転寿司が大好きで、そのお店の魅力を家族も共有していますが、意見が分かれたときはプレゼン力で行き先が決まります。お店のイベント企画などを調べて「今、行くべきでしょ」という流れもありますね。

ものには心がある ことを知れば プレゼン以上の魅力が続く

お金を払って買ったもの以外でも、ものを大切にしてほしいですね。まーちゃんは、**「ものにはすべて心がある」**といいます。おもちゃやぬいぐるみ、フィギュアなどを整理して保管しているのも、まーちゃんのものに対する愛情の表れだと思います。

例えば、豚のぬいぐるみは、まーちゃんがはじめてサンタさんからもらったもので、いつもまーちゃんのそばにいて、家族の一員のよう。赤ちゃんのころから使っていた乗り物のおもちゃは、部屋のオブジェとして、また物入れ（座席の下が収納場所になっている）として使っています。お酒の瓶をモチーフにした抱き枕は、ビーズクッションがくずれても抱き続けています。中にはお別れをするものもあります。その場合もリサイクルショップに持っていったり、ネットオークションに出したりし、そのものがほかの誰かに愛されることを第一にしています。また、売ってお金を得るという感覚も身につきます。

この子は絶対に手放しません！

まーちゃんから学んだこと

目的意識を明確にできる

ものやお金の価値を知るのは、自分の考えを大切にすることにつながると思います。これは時間や行動に対しても同じ。例えば、「なぜ、朝5時半に起きなければならないのか？」。学校に行く目的を果たすため、自分の朝の過ごし方を実行するため、ということをまーちゃんは理解しています。

後悔することもひとつの経験とお話ししましたが、目的意識がなければ後悔すらできないでしょう。**目的意識を持つことは、将来なりたい職業、したいことといった、人生の岐路での決断に役立つ**と思います。どの道を選んでも、そのときどきの自分を受け入れられるでしょう。

交渉力は生きぬく力になる

学校教育でも論理的思考が重んじられているようです。プログラミングの授業では、目的を明確にして企画を考え、制作したものを誰かにプレゼンするというカリキュラムがあると聞きます。日常生活には、常に交渉がともないます。価値観を持って、自分の意見を相手に伝え、相手の反応に対処する、というやりとりを自然に行っています。

人生において交渉がうまくいかないことのほうが多いかもしれません。その擬似体験も家でのごっこ遊びでできます。**子どもの「あのおもちゃがほしい」という主張は、社会を生きぬくための、きっかけ**なのかもしれません。

責任を感じることが、自立になる

いつか、子どもは親のもとを離れていきます。みなさん、期待しつつ、心配ですよね。自分の意思を大切にしながらも、誰かに頼られる存在になってほしい、私はそう思っています。それに必要なのが、責任力ではないでしょうか。子どもとはいえ、さまざまな言動には責任がともないます。それを自覚し、果たすことで成長していく、それが自立なのではないでしょうか。

この親の思いを子どもにダイレクトに伝えると、ちょっと重いですよね。そういった意味で、**ごっこ遊びがちょうどいい**んです。楽しみの中には、必ず学びがありますよ。

ずっとそばにあるもの

家族的な存在のぬいぐるみ

サンタさんからのはじめてのプレゼント。自分と同じくらいの大きさだったのが、今では抱っこできる存在に。家族の一員。

思い出で終わらせないおもちゃ

1歳の誕生日プレゼント。座席の下の物入れスペースを無意識に活用しており、探していたものがそこにあったことも……。

感性をくすぐるアイテム

お酒の瓶をモチーフにした、まーちゃんと同じくらいの大きさの抱き枕。まーちゃんが自分のお金で買った。見た目&抱き心地の癒やし効果◎のようだ。

「イヤなことは笑いに変える」これが我が家の合言葉

「失敗したな」って思うこと、誰にでもあるよね。でも私は、後悔しないよ。だってそれを笑いにしてしまえば、新たな価値が生まれるから。家族で旅行したある日のこと。楽しみにしていた牡蠣料理のお店が満席で入れず、遊覧船に乗ろうとしたら運休。完全なる確認不足なんだけど、今となってはあのときのパパの落ちこんだ表情が、最高におもしろかった。その後、偶然に牡蠣のお店を見つけるというラッキーもあったしね！

チャレンジ 14

エンタメを生み出す

［制限がある中での自由を楽しむ！］

テレビもゲームも動画も大好きだよ。でもそれに依存することはない。なぜなら夜は、家族でカードゲームやボードゲーム、ごっこ遊びをするから。

ある日のこと、落雷でテレビが受信できなくなった。しばらくそのままにしておくと、「あれっ！　なくて平気かも」と思い、そのままの状態。

本当に見たい番組だけ、ネット放送で見ます。まーちゃんはお笑い番組、私はドラマが好き。生粋のテレビっ子だけど、テレビはなくて大丈夫。

テレビや動画は親も一緒！　by ヒロアキ

受動的エンタメは、ひとりでその世界に入りこんでしまいやすいもの。それだけ楽しいものなんです。親がそばにいると、現実の世界にいながらエンタメを楽しめますよ。

まーちゃんから学んだこと

全否定せず、「権利＝自由」を与える

テレビやゲーム、動画を楽しむことは、悪いことではありません。否定したり禁止したりすると、反発・反抗を生むこともあるでしょう。テレビやゲーム、動画は受動的なエンタメであるため、自分の意思で制限するのは難しいと思います。これは大人も同様でしょう。

そこで有効なのがルールです。ルールの内容は、家庭や子どもによって違ってよいと思います。我が家では、平日は宿題が終わってから夕飯までの間は自由にしています。夕飯が18時なので、そこまで長い時間ではありません。**「制限がある中での自由」を楽しむ**ことができています。

大人がそばにいて現実世界を感じさせる

スマホ依存という言葉がありますが、これは大人のほうが深刻ですよね。誰にも制御されませんから、その世界に入ったらぬけ出せません。

まーちゃんが幼児だったころ、みきちゃんは一緒に子ども番組を見ていました。そこから、親子の会話が生まれます。それはテレビの世界に没入せず、**テレビの前にある現実の世界で楽しんでいる**といえます。大きくなったら、時折の声かけが有効だなと感じています。よく、子どもが話しかけているのに、親がスマホに夢中で上の空、という話を聞きます。そうならないように、私とみきちゃんは、できるだけスマホを見ないようにしています。

エンタメの選択肢を増やす

夕飯を食べて、お風呂に入って、自分のやるべきことをしたら、寝るまでは自由時間。我が家ではカードゲームやボードゲームをして盛り上がる日もあれば、ごっこ遊びをする日もあります。まーちゃんは、テレビやゲーム、動画以外の楽しみを知っているんですよね。私自身、テレビもゲームも漫画も大好きで、今は動画を配信している立場なので、それらの魅力をよくわかっているつもりです。自身が配信している動画も、そこからみなさんの会話が広がればいいなと思っています。**なにかに夢中になるのはすばらしいことですが、それ以外のものの魅力も知ってほしい**ですね。

まーちゃん家の 注意書き

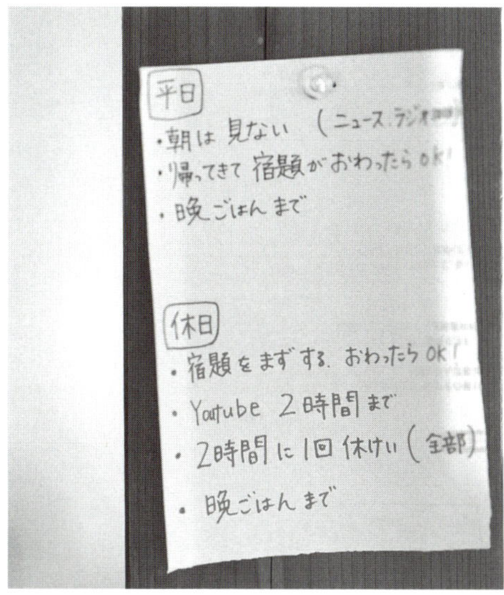

食卓と居間の間にある柱の貼り紙。まーちゃんの意識づけとしてだけでなく、大人も意識する家族ルール。我が家では、家族そろって夕飯をとるので、その時間と寝るまでの時間を大切にしている。よってその時間帯は、個人だけの楽しみ方はしない。

いろいろ
観てきたから、
本当に観たいものが
しぼられてきたよ！

ヒロアキのイケメンワード

画面の中にも外にも世界が存在
画面の外で喜ばせる自信がある

「私の配信する動画を楽しんでくださっているみなさん、いつも本当にありがとうございます。もっとみなさんが楽しめるものをつくっていきたいと思います」

ただ、動画に映されていない、我が家での様子に勝るものは配信できない。カメラのないところで、私は家族を笑わせ、まーちゃんもみきちゃんも、カメラのないところで私を喜ばせてくれているんだ。編集を入れられないLIVE配信こそが、究極のエンタメだね。

チャレンジ 15

家族ユニットの結成

［一緒に取り組んで達成感を味わう！］

本気で取り組むことに意義があると思う。だから歌でもダンスでもパパやママが間違えると、私は指摘するよ。成功したときは気分最高！

日常会話や鼻歌から曲づくりが始まることもある。歌詞は子どもには難しい言葉もあるけれど、まーちゃんはその意味を知り、自分の語彙にしている。

家族でありながら、制作チームのメンバーという感覚。意見を出し合い、作品づくりに妥協なし。振りつけは、なりゆきがほとんどだけれど……。

家族の心を躍らせよう　by ヒロアキ

日常会話ってセッションですよね。決まったセリフでのやりとりではありません。音楽、ダンス、演劇も会話と同じ感覚で、家族で楽しめば、心が躍りますよ。

チャレンジ 15

まーちゃんから学んだこと

会話に始まり、喜びで終わる

以前、まーちゃんの保育園での悩みをラップで表現したことがありました。まーちゃんとの日常会話が発端で、それを音楽にすると、悩みを歌詞にしたのに楽しい曲になりました。それを演じたまーちゃんも心を躍(おど)らせていました。夫婦ゲンカをネタにラップの動画を配信したこともあります。この曲のラストはラブソングに。これは極端な表現ではなく、**家族の日常会話を違った形にして表すことで、家庭に平和が訪れる**ような気がします。

親子でよく遊ぶものでいうと、しりとりは定番ですよね。これに手拍子などでリズムをつけて行うだけで、楽しくなりますよ。

メンバーという意識を持てば同じ目線になる

“大人が子どもに教える”という位置関係だと、上から下への目線になりがちです。その点、共同で取り組む場合は、メンバーという意識を持てば同じ目線になります。そうすることで、子どもから親への指摘が入ったり、子どもがアイデアを出したり、自発的な行動が生まれます。

学校の運動会のダンスも一緒に練習しますが、このときはまーちゃんのほうが経験を積んでいるので、私は指導される立場に。目線の方向が逆転するわけです。**一緒に取り組んでいると、いつしか同じ目線になり**、「できた！」となれば、達成感を共有できていますよ。

遊びの中にも成功体験がある

例えば習い事であれば、ピアノの発表会やダンスイベントの参加など、他人の目に触れることがあります。そのために練習をして、上手にできた、できなかったということで、ひとつの経験をしますよね。

我が家の場合、動画で配信こそしていますが、音楽もダンスも**自己満足で完結**します。ただ、それでも達成感を得られるんですね。大切なのは、打ちこみ方かもしれません。一生懸命になるのはもちろんですが、いかに楽しめたか。それで目的どおり、もしくはそれに近い状態に達すれば、充実を感じます。家族なので、誰かの表情が輝いていれば、それが連鎖します。

ユニット活動

ミュージカル風

テーマパークの楽曲をカバー。「おかえり」「いただきます」など、日常のあいさつからミュージカルに発展することもある。

ラップ風

悩み、ケンカをテーマにしても、リズムを奏でていると、歌詞が楽しく感じられるように。合いの手（yeahとかyoなど）を入れるのも楽しい。

バンド風

エア楽器で演奏。歌唱もパートを分け、歌として“いい感じ”にしていく。歌詞はオリジナルなので、メロディに乗せるのが難しく、練習が必要。

フェイク、アドリブも入れる 家族内の表現だから素人でもOK

歌にしろ、ダンスにしろ、演劇にしろ、クリエイティブなものの表現は自由だよね。人に見てもらうには技術が必要だけど、家庭内での表現なら素人が、フェイク（本来のメロディに変化をつける）やアドリブ（即興でメロディや歌詞を加える）をしてもいいんじゃないかな。

そんな素人な私たち家族が、動画で配信していいのかって？　家族の絆がクリエイティブ力を発揮しているんじゃないかな。

チャレンジ 16

第六感"金銭感覚"を養う

[物事の対価を伝え、社会の仕組みを学ぶ！]

生きていくためにお金が必要。今は1万円札1枚より、千円札10枚のほうが重く感じる。クレーンゲームをするために100円玉も必要だね。

お金の価値観を得たのは、ごっこ遊びがきっかけ。お金持ちがえらいわけでなく、人生にお金が必要になる場面があることを伝えている。

お金を得る、使う、貯める、計画する、という一連の流れを理解できるようになった。なにかを買うとき、価格の低い店を選ぶほどやりくり上手に。

お金のやりとりをしよう　by ヒロアキ

ごっこ遊びはエンタメであり、社会勉強。言動のリアリティに加え、お金の設定も現実社会に合わせるべき。お金は身近な存在なので、大小や多少を知ることのきっかけになります。

チャレンジ 16

まーちゃんから学んだこと

お金の存在が、社会を知ることにつながる

ものを買ったり、外食をしたりするとお金を支払います。小さな子どもでもそこでお金の存在は理解しているでしょう。でも、お金がどこからやってくるのかは、まだピンときていません。**ごっこ遊びでお金のやりとりをしながら、報酬というものを教える**ようにしています。我が家では、洗い物やお風呂掃除など家族のための仕事に報酬（1回100円）を発生させています。5歳から始めています。「100円は高い」と思われるかもしれませんが、収入を理解するには適正だと考えました。もちろん、違うやり方や設定もあると思います。まずは、子どもにお金の存在を理解させてはいかがでしょうか。

大小ではないお金の価値観を教える

“お金持ちがえらい”わけではありません。お金がないことが悪いことでもありません。また、お金をたくさんもうけることも悪いわけではありません。ものやサービスの対価という観点だけでなく、社会におけるお金の価値観を知ることも大事だと思います。

ごっこ遊びでさまざまな職業を演じていますが、ものとサービスへの対価をきちんと金額で設定しています。**誰かのために役に立つことのひとつの表現が、お金**。お金の大小ではなく、感謝の度合いがちがってくると思います。

お金の使い方を知ることで、考える力が養われる

まーちゃんが家族のためにした仕事の報酬は、1か月分で支払います。月給制度です。この収入でなにに使うかを考えます。「ほしいものがないときは貯金」というのが、まーちゃんの考えですが、“がまんして使わないというのも違う”と伝えています。**今しか手に入らない、今しか経験できないことのためにお金を使うのも有意義**だと知ってほしいからです。そうすると、ものやサービス、人の働きの大切さを感じ、人生の価値観も養われると思います。それが、物事を考える力や行動する力へとつながっていくのではないでしょうか。

ここに貯金！

ヒロアキの「へそくり」

ある日、みきが部屋を掃除していたときのことだった。ふと手に取ったゲームソフトのパッケージに見たこともない通帳が。その夜、家族会議が開かれた。ヒロアキは素直にへそくりであることを告白した。「まーちゃん家の危機！」と思われたが……。

へそくりの味

まろやかでありながら、深い味わい。鮮度が大切ね！　byまーちゃん

そのお金で
広島に牡蠣を
食べにいこう！

ごっこ遊びは大人が お金の価値を再確認するところ

　キャッシュレス決済が主流になっている今日、大人の金銭感覚もブレているのでは？ 便利な社会に慣れてしまうと、個々の能力を下げ、感覚までも狂わしてしまうんじゃないかな。

　そんなとき、ごっこ遊びで買い物ごっこをするといいね。それがおもちゃのお金だったとしても、金銭感覚を取り戻してくれるものに。お釣りのやりとりって、お金の移動だけでなく、心も行き交っているんじゃないかな。大人が失いかけているものだよね。

家族日記　みき編

△月　○日

今日の夕飯は、鮭ときのこのホイル焼き、炊き立てご飯、おみそ汁だった。時間に追われてバタバタとつくったけど、ふたりは「おいしい！」といってくれた。私は3人で囲むこの食卓が本当に大好きだ。

学校での出来事を話したり、何気ないことで大笑いしたり、時にはヒロアキくんの「左手！」「姿勢！」といったマナー指導の言葉が飛ぶけど、笑顔の食卓もピリッとした空気の食卓も、たとえそれが平凡だったとしても一日一日が私にとっては宝物。「しょうゆをかける前に、まずはひと口食べること！　つくった人に失礼だよ」と、まーちゃんにいうヒロアキくん。〝厳しすぎない？〟という気持ちと、いってくれて〝ありがとう〟という気持ちがあるよ。お茶碗のご飯の最後の一粒まで大切に食べるまーちゃんを見ていると、ヒロアキくんの思いがしっかり伝わっているなと感じる。

つらいときも、うれしいときも3人で囲んできた食卓。ここにこれまでのすべてがぎゅっと詰まっていて、なにがあっても戻れる場所であるように思う。この当たり前の食卓が、いつか、まーちゃんを支えるものになったらうれしい。

※本書ではみきのヒロアキの呼称を「ヒロちゃん」としていますが、本ページは改まった内容のため、「ヒロアキくん」と表記しています。同一人物です。

3章

遊びを学びにチェンジ編

チャレンジ17 読み聞かせで想像力の扉を開く！

［文字と演技で感性を育む！］

保育園のころ、パパとママの両方が読み聞かせてくれて、本は何回読んでも楽しめることがわかった。違う読み方をすれば、印象がグッと変わる。

絵本はごっこ遊びの脚本のようなもの。劇場版として読み上げている。登場人物の気持ちに向き合って、一場面一場面を考えると楽しめる。

活字や物語に興味を持ち、小学校に入ったら図書館で本を借りるようになった。図書館は、まーちゃんが集中して勉強できる場所にもなっている。

メッセージ

17 大人の演出力を発揮しよう by ヒロアキ

漫画で見た作品が、アニメになると印象がグッと変わりますよね。どちらも魅力的です。それと同じことを絵本の読み聞かせでできるわけです。声優になってみましょう。

チャレンジ 17

まーちゃんから学んだこと

漢字学習も真剣に取り組める。

想像力を広げ、感性を高められる

「明晰夢(めいせきむ)」って知っていますか？　寝ているときに「これは夢だ」と理解して見る夢で、そこには想像力が働いているそうです。自分が楽しめるように自己演出しているわけですね。絵本も同じ。幼児向けは文字が少なく、絵の情報がメイン。対象年齢が上がるにつれて文字も増えていきますが、想像できる領域は残されています。

みなさんもこの本を読みながら、家庭のこと、子どものこと、自分のことを想像していませんか。それは、みなさんが想像できるように、解説をあえて不十分にしているからです。意図的です……。**読み聞かせは、子どもの感性を高めるきっかけ**です。

文字に興味を持つことで視野が広がる

絵本のすばらしいところは、絵と文字をつなげられるところだと思います。五十音をただ覚えようとしても退屈ですよね。その点、絵本は自然に文字を覚えられるもの。読み聞かせをしているとき、まーちゃんは「これなんて読むの」といい、文字に興味を持つタイミングがありました。

それからというもの身のまわりにある文字はもちろん、外出先では看板や標識の文字に反応することも。小学校になって漢字を知ると、その興味はさらに深まり、**文字を探すことで視野がグッと広がった**と思います。視野が広がれば、想像する領域も広くなりますよね。

親子の心の距離がグッと縮まる

読み聞かせは体と体の距離だけでなく、心の距離も縮まると感じています。物語では「この子はどんな気持ちなんだろ」「このあとどうなるのかなあ」と**一緒に考えます**。子どもが大きくなって読み聞かせが必要ではなくなっても、例えばレストランのメニュー表を一緒に見て、「これ、おいしそう」「辛いかなあ」などと会話を弾ませれば、距離はグッと近づきます。

自分の関心に気づき、ほかの人の関心を知る、これも学問だと思います。

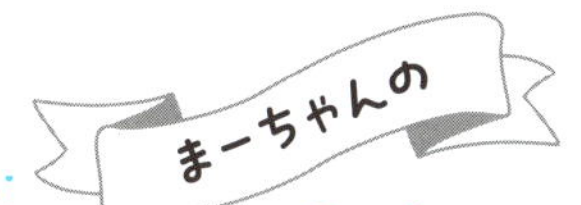

本

絵本の読み聞かせがきっかけで、図書館に頻繁に行くようになった。読み聞かせでの演出は、国語の音読に生かされている。

料理のメニュー表

注文するときだけでなく、料理が来るまでの時間、再度メニューを見て読み上げる。料理を想像しながら空腹が限界に達する。

町の看板

外出したときに町にある看板を読み上げるゲーム。文字を知り、お店のことも知ることができ、移動中も退屈しない。※運転手は、運転に集中し、交通ルールを守っています。

ヒロアキのイケメンワード

本は書店にある時点では未完成 誰かが読んで、はじめて完成する

　このページを読んでいるみなさん、本書も半分を越えたところだけれど、ここまでの読み応えはどうだったかな？ ページ半ばにして「おわりに」のような文章が出たところで、「この先は書くことがないのかな」と思われた方、それは私のことを半分も知らないままということになるよ。まだ、開けていない引き出しはたくさんあるんだ。この本を読み終えたとき、はじめてこの本が完成を迎える。「どうか、みなさん、完成させてください!!」

チャレンジ 18

親子で学びを続ける

［クイズ形式で勉強を楽しむ！］

好きな教科も、嫌いな教科もない。どれも「普通」というのが私の感覚。ただ、クイズは大好きだよ。パパのいう雑学というのも楽しいね。

勉強において、クイズや雑学問題が私の領域。"家族一緒に"が我が家のコンセプトだけれど、学校の勉強はみきちゃん頼りで……。

勉強を見守る位置が少しずつ離れていっている。質問してきたら答える。途中で間違っていることに気づいても、答え合わせまで指摘しない。

取り組み姿勢を認めよう　by ヒロアキ

「なんで勉強しなければいけないの？」と子どもから質問されたとき、どう答えますか？　答えは膨大にあるでしょう。取り組み姿勢を認めれば、その答えを子どもが見つけるかも。

チャレンジ18 まーちゃんから学んだこと

遊びでも勉強への興味づけになる

まーちゃんは計算が好きです。そのきっかけは、ごっこ遊びでのお金のやりとりだったのかもしれません。小学校に入学し、「100円たす100円は？」→「200円」→「じゃあ200円でどのおかしを何個買う？」というクイズ形式のやりとりもしています。また、保育園にいたころ、道路標識に興味を持ち、「この標識はどんな意味？」と質問すると、思考を働かせておもしろい答えを返してきました（右ページ参照）。正解がすべてではないと思います。

考えること、その**取り組み姿勢が、なにかに興味を持ったときに役立つ**のではないでしょうか？　もちろん、正解をきちんと伝えていますよ。

大人の姿勢は見守り型で。つまずいたら一歩前に戻る

まーちゃんが問題を解いているとき、間違った答えを書いていても、みきちゃんは口出ししません。答え合わせのときに間違ったところを教え直すようです。考えこんでいるときも、本人から要請がなければ見守っています。

また、問題が解けないとき、**一歩前に戻ることも大切**だと感じています。2桁、3桁の計算で答えがなかなか出ないときは、1桁の問題に戻ります。すると、2桁もできるように。子どもはどんどん新しいこと、難しいことをやりたがり、その好奇心に応えるのも重要ですが、やはり基礎があってこそだと思います。これは運動や音楽なども同じかと。

正解がすべてじゃない。結果に対して“ドライ”に

問題なので答えはあります。ただ、その答えだけで良し悪しをつけるのは違うと思います。子どもが間違ったときに「なんでわからないの？」というふうにならないためには、ドライ（感情や人情に流されない）な状態でいるのもよいのでは？ 子どもはトライして、大人はドライでいる（この表現、うまくないか……）。トライしている姿勢を認めるべきだと思うんです。

「ドライ」には「辛口」という意味があるそうです。一方で「ドライフルーツ」は水分がぬけて甘味が増しますよね。**大人ができることは、子どもがトライできる環境づくり**なのかもしれません。

道路標識の意味

仕事から帰ってきて「あっ、自転車があった」と思うときのマーク。

本来の意味

標識の位置に、横断歩道と自転車横断帯があることを示す標識。

「パパ、自転車買って〜」というときのマーク。

本来の意味

歩行者以外は通行できない。

「お兄ちゃん、帰ろう！」のマーク。

本来の意味

標識の位置に、横断歩道があることを示す標識。

ヒロアキのイケメンワード

人生で事故に遭わせたくないが、安全な標識を示し続けられない

子どもが転びそうなときに「危なーい！」と大声を出すと、子どもは動かなくなるよね。本来は、転ばないためのバランス感覚を経験で身につけてもらいたい。転びそうなところに「転ぶから注意」という標識を立てることなんて不可能だよね。人生で子ども自身の目的を果たそうとしているとき、親が立てた標識より、自分で考えた標識のほうが役に立つ。どんな標識にするかを考えさせるのが、親のするべきことだと思うな。

チャレンジ 19

安心できる学習空間をつくる

[宿題は家庭学習のきっかけに！]

学力テストの前に宿題が増える。私はテストのために勉強はしないよ。生きるために勉強するの。生きるために勉強を後まわしにすることも……。

「宿題しなさい！」より「宿題は？」と声をかけるほうがしっくり。何事も返事の選択肢が増えるような質問がいいよね。「仕事は？」→「……」。

宿題をしやすい場所は、居間、食卓、図書館。その日の気分によって変わるみたい。宿題をするスイッチのタイミングも変わる。

メッセージ19

大人は大人の宿題をしよう by ヒロアキ

親がテレビを観ているときに、子どもは宿題がしやすいわけがありませんよね。大人の仕事はたくさんあります。家事も大切な仕事。宿題をする子どもの姿を見守りながら、仕事をしましょう。

チャレンジ
19

宿題は家庭学習のきっかけを学校がつくってくれたもの

筋肉は負荷がかかると細胞を損傷させ、それが修復されて大きな筋肉、強い筋力になるそうです。成長するにはある程度の負荷が必要ですよね。でも、「今日から筋トレするぞ！」と誓いながら、3日後にその気持ちが失せてしまうことも……。筋トレをしたら健康的な体になることをわかっていながらもできないので、宿題をしたらどうなるかがわからない子どもにとって、無理にやらせるのはちょっと強引に感じます。とはいえ、成長のために負荷は必要です。

やはり、きっかけづくりは大人の力が大切なのかもしれません。

そもそも宿題は、家庭学習の材料です。学校から家庭学習ができるきっかけをつくってくれたともいえます。宿題を始めるきっかけづくりで、実況ごっこをしたことがありますが、これはレアケース。たいていは、みきちゃんが隣にいて**「どんな宿題なの？」と興味を持つところから始まります**。習慣ってすごいなと思いますが、今ではそのきっかけづくりもあまり必要としていません。「宿題は？」という声かけが、きっかけになっています。

同じ場所で誰かが一緒になにかをやっていると安心する

並行（平行）遊びって知っていますか？　1歳、2歳のころは、友だちと同じ場所にいて、同じおもちゃがあるのに別々に遊んでいるけれども、一緒に楽しんでいるという感覚が得られるようです。成長すると、協同遊びといって同じことを一緒に楽しむようになります。大人が子どもと同じ宿題をするわけにはいきませんよね。でも、**同じ空間で同じ時間になにか一緒に行う**こと

はどうでしょうか？

リビング学習は、親が料理や洗濯物などの家事をしながら、子どもが食卓で勉強をするスタイルですよね。子どもが安心して勉強に取り組めるのは、親が並行して仕事をしているからではないでしょうか。まーちゃんが1年生のころは、食卓や居間の机で宿題をするのが大半でした。今では慣れてきたのか、図書館も宿題をしやすい環境のようです。下校直後の図書館には、子どももいます。同じことをしているわけではありませんが、落ち着く空間なのかなと思います。**子どもが落ち着いて取り組める環境を探してみる**のも、よいのではないでしょうか？

「なんでやらないの？」「なんでわからないの？」はなにをなにと比べ、子どもを誰と比べている？

生きていると、誰もが比較をするくせがついていると思います。「この商品とこっちの商品のどっちがいいかな」というように。それは生活の選択に必要なことでもあります。ただし、“比べなくてもいいのでは？”ということもありませんか。「なんでやらないの？」と声に出してしまうのは、「自分だったらできる」という気持ちの表れかもしれません。自分と子どもを比べているわけです。「なんでわからないの？」も同じですよね。大人はさまざまな経験をして今がありますが、子どもはまだその経験ができていません。**できなくて不思議ではない、むしろできたらすごいというように発想を転換する**と、いい方向に進むかもしれません。

成績も気になりますよね。成績は理解度の表れでもありますから。私もそこに無頓着なわけではありません。ただ、子どもの能力がいつ、どれくらい伸びるかはわかりません。成績を上げるためではなく、能力を伸ばせるタイミングを迎えるために、親がサポートできたらと思っています。月並みな言葉ですが、子どもの可能性は無限です。

チャレンジ19 まーちゃんから学んだこと

きっかけが能力を引き出す

家庭学習が習慣化するまでは、大人の環境づくりが重要だと思います。まず、勉強を阻害するものは取り払いましょう。例えば、テレビがついていたら集中できません。机が散らかっていたらやる気が失せます。勉強しやすい環境になったら、「どんな宿題なの？」と大人が興味を持つことが大切だと思います。もちろん、子どもによってやりやすい環境もきっかけも違うと思います。**いろいろ試していくうちに、大人が気づくこともある**でしょう。

おやつやおこづかいなど、ご褒美を設定するのは賛否あると思いますが、ご褒美がない場合、目的が果たせなくなるのは残念ですよね。

一緒にいると安心して取り組める

個人差があるかと思いますが、入学して間もない時期は、親がそばにいて見守ると、子どもは安心して学習を楽しめると思います。何歳になったら離れるというものでもなく、進級してもそのスタンスが適しているのなら、続けてよいと思います。また、子どもが宿題をしているときに、少し離れて料理などの家事をするやり方もあると思います。**意識が子どもに向いていれば、安心感を得る**はずです。子どもが宿題をしている間、学校からの便りや連絡帳に目を通したり、テストや工作物を見たりするのもよいでしょう。

宿題が終わって、学校での出来事を聞くのもいいですね。

比べるなら本人の成長した分

1年生の場合、国語だけを見ても、ひらがな、カタカナを覚え、漢字も80個ほど習います。これだけでもすごい習得量だと思いませんか。

テストの点数とか、ほかの子どもがどうだとか、自分が子どものころどうだったかとか、それらの比較は無用だと思います。我が家では1年生を修了したときに、オリジナルの賞状をまーちゃんに手渡しました。1年でとても大きく成長しましたから。**「この前までできていなかったことが、できた」という比較は有意義**だと思います。そばにいて、会話をたくさんしていることで、その変化に気づけるでしょう。それができるのは、家族だけです。

比較しないこと

親と子ども

大人自身の経験は財産だが、子どもをはかる基準にするべきではない。子どもはひとりの人格者。常にオリジナルな存在なのだから。

友だち

競い合うことで高まる能力もある。ただ、そこで優劣をつける必要はない。それぞれにある“いいところ”を見つけるほうが楽しい。

テストの点数

何点以上なら合格？ どこが理解できていないか、不注意はないかなどを確かめるほうが大切だと思う。珍回答も思い出に。

ヒロアキのイケメンワード

場所や席は固定されていても心はフリーアドレス

働き方改革のひとつに、固定席にせず自由に席を選べるフリーアドレスがある。私は動画制作をする際、パソコンと長時間にらめっこ状態だが、気が滅入ることもしばしば。窓外を眺めると大自然で「こんなに広いのにな」って思う。学校では自分の席が決まっているので、どこに座ってもいいわけではない。だからこそ、心には自由が必要だと思う。自由と好き勝手の区別がつけば、自由は平和をもたらすものだよね。

チャレンジ 20

“できた！”を喜び合う

［ リアクションはピュアな心で ］

一番好きなリアクションは、笑ってくれること。間があくのが一番怖い。家族で間があくのは平気。パパの発言後によくあることだから……。

“褒める”というスタンスがない。上から目線の行為のような気がするから。同じ目の高さで接していて、純粋な感情を出しているだけ。

ツッコミ担当ではないけれど、ヒロちゃんにツッコマないと、行方不明になってしまうことがある。どんどん先に進むから考えている暇はない。

素直に感情を表そう　by ヒロアキ

我が家では、食事のとき「おいしいねえ」という言葉が、自然に出ています。そのリアクションを喜ぶ人がいます。リアクションが誰かを満たすなら、それらは全部OKですよね。

チャレンジ 20

まーちゃんから学んだこと

“認める”ことが評価以上の効果

子どもが「褒められたい」と思うことで、“褒められるためにする”という行動になってしまうことも。「がんばっているね」「最後までやったね」「前よりもうまくなったね」というように、**成果ではなく、取り組み姿勢を認めれば、子どもは“できた”という達成感を得る**と思います。幼児のころを思い出すと、積み木を高く重ねられた、輪っかにヒモを通すことができたなど、小さな成功体験をすることで、次のステップに進んでいました。

また、子どもに限らず、チャレンジしているときは不安です。「大丈夫」という声かけがあるだけでも、安心して取り組めると思います。

気づいたところに素直な感情を表す

「すごい！」と驚きのリアクションをするのは、自然だなあと思っています。それが「過剰すぎると価値が下がるのでは？」という意見もあるそうですが、素直に感じたらいいのではないでしょうか。

子どもは大人が予測できないようなパフォーマンスをすることがあります。まーちゃんの言動に対して**「へえ」「なるほど」「それいいねえ」とリアクション**することは多々あります。決して子どもの意欲を高めようというねらいではなく、見て、聞いて感じたことを表しているだけです。結果的にそのリアクションで子どもの気分がよくなれば、それはうれしいことですよね。

誰かを傷つける言動には、厳しく注意

怒りを示すことは、その人の感情の発散が主になっていると思います。もし、家族でケンカして感情的になっている場合は、時間を置きます。

人の悪口や非難、また配慮に欠けている言動があった場合は、叱ります。その際もすぐに叱るのではなく、話を聞きます。**子どもの気持ちを受け入れてからのリアクション**です。友だちとトラブルがあったときも、どんな状況だったのかをしっかり聞くようにしています。どちらが悪いという見極めではなく、子どもの気持ちに寄り添ったうえで、改善することを提案したいのです。子ども自身で考えて乗り越えるべき場面もありますから。

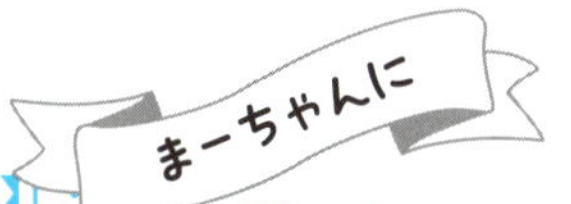

見せていること（ヒロアキの場合）

喜び・楽しみ

日々、幸せに感じていることを全面に出す。楽しい、うれしい、おいしい、おもしろいといったポジティブな面を家族に波及させる。

悩みや弱音

仕事の悩み、失敗したこと、疲れ、気分が乗らないことなど、苦しい一面も見せる。まーちゃんがなぐさめてくれることもある。

妻への愛情

「大好きだよ、おやすみ」といった言葉はもちろん、ハグをしたり手をつないだり、愛する気持ちを慎みなく出す。

喜びも悲しみも家族に波及させていいんじゃない

私は家族の一員。リーダーでもなければ、大黒柱でもない。ただ、家族が幸せになるためなら、努力は惜しまない。その努力も楽しもうと思っている。そういった生活を送る中、喜びもあれば悲しみもあるが、それを全部、家族に伝えている。喜びを伝えると家族が喜び、その様子を見てまたうれしくなる。悲しいときは、みきちゃんもまーちゃんもはげましてくれる。このスタイルで地球がスムーズに回り続けると思う。

まーちゃん先生教えて！

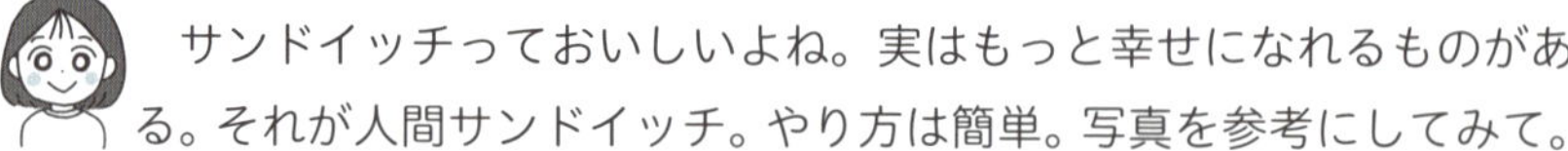

「サンドイッチのつくり方」

サンドイッチっておいしいよね。実はもっと幸せになれるものがある。それが人間サンドイッチ。やり方は簡単。写真を参考にしてみて。

屋外バージョン

パンは具材を強く押さないように、ソフトにはさむのがベター。

玄関バージョン

パンはふやけないように、形状をできるかぎりキープする。

パパと向かい合うと、クッピー（P51参照）のときはこうなるので注意を！我が家だけなのかな!?

居間バージョン

具の位置を調整すれば、パンとの高さがそろう。

踏み台を使用

寝室バージョン

具がつぶれない程度にパンが押し合う。少しなら変形してもかまわない。

チャレンジ21

好奇心をアップグレード

[ごっこ遊びで探究心をチェック！]

ピアノ、スイミング、学習塾、友だちがやっているのでやりたいと思ったけれど、「友だちがやっていなかったら？」と考えると、気持ちは変わったね。

指導者がいて、月謝を払うというものだけが習い事ではないのでは？　ワークショップや職業体験のテーマパークも習い事。畑仕事も習い事だと思う。

家族で運動したり、ごっこ遊びをしたりして、今はそれで満たされているよう。チャレンジしたくなれば、いつでも後押しするよ。

習い事を家で体験しよう　by ヒロアキ

習い事のお試し体験を利用するのもいいですよね。また、家でお試しできることもあると思います。その過程を経て、もっと本格的にしたいと思えば、その習い事は吉になると思います。

チャレンジ21

まーちゃんから学んだこと

好奇心から探究心に変わればチャレンジ

どんな理由やきっかけであれ、子どもが興味を持ったものには向き合います。どんなことに魅力を感じているのか、会話の中で感じ取るようにしています。好きなことや興味があることを見つけるのは、とても大変なこと。趣味のない大人もたくさんいますし、好きなことを仕事にできている人は、わずかでしょう。それだけに好奇心はとても大切にしたいと考えています。

ただ、それが一時的なものなのか、もしくは別に目的があるのかを見極める必要もありますよね。**子どもが興味を持ったものに対し、どれだけ深く知ろうとしているか、そこに注目**しています。

習い事の要求にもプレゼンを使う

子どもの習い事への要求に対して、**すぐに答えは出しません**。会話の中で疑問に思ったこと、もっと知りたいことを質問します。例えばピアノを習いたいという要望があった場合、「ピアノのどんなところが楽しいの？」「ピアノを練習してどうなりたいの？」「ピアノ以外の楽器となにが違うの？」など。この質問に対する子どもの返答を待ちます。子どもに探究心が芽生えていれば、熱量のあるプレゼンをするでしょう。我が家ではおもちゃのピアノを使って、お試し的なピアノレッスンをしました。最終的には「友だちが習っているから」というのが目的であることに**本人も気づきました。**

習い事の領域を拡大させる

まーちゃんは、スライムづくりにハマっています。つくり方を自分で調べ、違う物質を合わせることで、新しい物体ができることを学びました。

職業体験のテーマパークも好きですし、なにより我が家では、**ごっこ遊びでさまざまな体験をしています。これも習い事のようなもの**だと思います。みきちゃんの米づくりに協力するのも貴重な体験ですね。バスケットボールに興味を持ったときは、一緒にバスケをして遊びました。すると、まーちゃんは「バスケはパパとできるから、習わなくてもいいかな」と。チームに入りたいといえば、サポートするつもりでしたが……。

探究心チェック例

ピアノ習ってみたいな

これで試してみよう！

もらいものの鍵盤のついたおもちゃ。
最初は興味を持って弾いていたが……。

やっぱり、今はいいや！

ピアノ塾に入会するのは見送りに。

ヒロアキの
イケメンワード

「知りたい！」という気持ちに応えてくれた人たちに感謝

東京からここへ移住してきたとき、私は無職だった。仕事探しは大変だったね。自分には技能も資格もなかった。今では動画制作と配信で生計を立てられるようになったが、きっかけは「世の中にはどんな仕事があるのだろう」という思い。それに応えてくれたのが、酪農家の方とピザ店の方。仕事を体験させてもらいながら動画に収め、それを編集して配信したのが、私の現事業の始まり。生命や食、そこに従事する人たちへの感謝の気持ちが強くなった。それから私は独学で動画編集を習得した。これも、酪農家の方とピザ店の方にご助力をいただけたことがきっかけだったと思う。

チャレンジ 22

集中する時間を意図的につくる

［ その時々の集中できる距離を見極める！ ］

集中しているときは、話しかけないでほしい。でも、そばにはいてほしい。「集中したいけん、見とって」とよくいっていると思う。

まーちゃんに話しかけようとして、みきちゃんに止められることもしばしば。どうやら私が現れると、集中力が途切れるらしい。その自覚はある。

集中できないときは、10分タイマーを使ったり、宿題が終わるまで無言ゲームをしたり、ハードルを下げるか、視点を変えるようにしている。

10分間集中してみよう　by ヒロアキ

小学校の授業は45分間です。サッカーの前半・後半もそうですよね。人間って長時間は集中できない特性があります。まずは、短時間集中にチャレンジしてみては？

チャレンジ
22

集中できる環境になっている？大人は監視するのではなく、見守る

散らかった部屋や、騒がしいところでは、心が落ち着きませんよね。その環境下で集中して勉強をするように仕向けることは、ナンセンスだと思います。まーちゃんは工作や絵を描くのが好きで、そのときは集中したいからといって、私たちから離れた場所で取り組むことがあります。好きなことには夢中になれるので、自分でコントロールできるようです。ただ、家庭学習をするときは、まだ大人のサポートが必要ですね。

集中できる環境を整えるだけでなく、親がそばにいることが重要だと思います。以前に私が試験官に扮して監視するような演技で、まーちゃんがテストを受けるというごっこ遊びをしたことがあります。気が散ったようですね。みきちゃんがしているのは、**少し離れたところで見守る**こと。みきちゃんは、なにもいわず、ただただ、まーちゃんのそばにいるだけ。2年生、3年生になると、見守りながら家事など別なことをするようになりました。そのうち、親が見守っていなくても集中できるようになるのかもしれません。**離れていても心はそばに**ありますから。

5分、10分と集中できる時間を短く設定時には視点を変えて、ゲーム感覚で

子どもが幼いうちは、「ねえママ」と執拗(しつよう)に尋ねられますよね。その際「ちょっと待って」と返事することがあるでしょう。この“ちょっと”ってどれくらいの時間ですか？ 子どもは時間の感覚が大人ほど研ぎ澄まされていません。宿題を終えるまでどれくらいの時間を要するかも理解できないでしょう。大人でも尺がわからないことは、取り組みにくいもので

すよね。そのとき、**タイマーを使うのが有効**です。「10分間やってみよう」と伝えて、タイマーをセットします。5分でもよいと思います。この積み重ねで、子どもは5分や10分の感覚がわかり、「10分ならがんばれそう」という考えになるのかもしれません。

また、「集中しよ！」といって集中できるわけではありませんよね。私自身、集中することをコントロールできません。気分転換をして心が整うこともありますが、余計に気持ちが目的から離れてしまうことも……。**目的から意識をそらさずに、視点を変える方法にごっこ遊びが役立つ**と思います。我が家では「宿題が終わるまで無言ゲーム」をすることがあります。無言を意識しているうちに、宿題に集中できたらラッキーですね。

「まーちゃん、流しそうめんに集中する」の巻

ある日のこと、みきが流しそうめん装置を自作した。まーちゃんは、ヒロアキに邪魔されても気にすることなく、流れてくるそうめんに集中。見事にキャッチしてすする。その横では、集中できないヒロアキとみきがジャレ合っていた。

そうめんを
流すことに
集中してほしい……

チャレンジ
22
まーちゃんから学んだこと

環境づくりは親が担当

何事もうまくいかないときは、環境を見直すとよいと思います。

まず、子どもはまだ自分で環境を整えることができません。片づけや掃除をする際、その目的はきれいにするだけでなく、過ごしやすい状態にすることだと伝えるとよいでしょう。そうすると、なにかに取り組む前に、片づけや掃除をすることができます。大人が見守る際の距離感は、成長度合いや個人によっても変わるでしょう。そばにいる場合でも最初は横に座り、今度は正面に座るなど、**徐々に距離感を広げていくのも一手**だと思います。

集中すると疲れる、休憩も必要

集中することが難しいときに、5分、10分と短い時間を設定するのも有効ですが、休憩をはさむことも大事だと思います。集中すると脳が疲れます。そのまま継続しても効率は悪くなるばかり。ひと息入れて、その際に会話をするのもよいでしょう。**話をしているうちに心が整うこともあります。**

また、苦手なことに取り組んでいるときは、集中が途切れがち。その際に手助けをするためにも親がそばにいるとよいでしょう。理解できたり自信がついたりすれば、集中力を高めることにもつながると思います。

集中しているときは、話しかけないこと

大人でも仕事をしているときに、スイッチが入って集中が持続することがありますよね。スポーツなどで「ゾーンに入った」と呼ばれるものも、これに近いのかもしれません。

子どもにスイッチが入っているときは、そっとしておくのが一番。宿題の答えが間違っていても、話しかけないほうがよいと思います。私の場合、気になって仕方ないときは、少しだけ近寄ります。できるかぎり気配を消して……。心の中でまーちゃんに「あと何分で宿題終わるの？」と質問。まーちゃんから「ちょっと待って」といわれても、どれくらい待てばいいのかわかりません。

集中できる家族配置

みきちゃんはそばにいるのがベスト。私はまーちゃんの視界に入らないようにしなければならない。息を殺して潜んでいる。

ヒロアキのイケメンワード

集中させる自信はないが、夢中にさせる自信はある

集中とは、意識を特定の物事に傾けること。夢中とは、物事に熱中して我を忘れること。つまり、物事が楽しいなら夢中ということになる。私には“楽しい”を提供する使命がある。そのために夜通しで動画を編集することも。朝方、脳は疲れ果てている。そして私は集中して眠りに入る。夢の中では集中しているのだ。私の動画はショートが中心で、長くても10分ちょっと。視聴者を夢中にさせるのにちょうどよい時間なんだ。

チャレンジ 23

おうちで経済活動

［お金を通じて働くことの価値を理解する！］

ごっこ遊びや仕事で算数が好きになった。お金の計算も頭の中でしているよ。仕事の給与の支払いを1万円になるまで待った（4か月間）。達成感があったよ。

誰かのために行動する、報酬を受ける、目的を見つけて使う、という流れはまさに経済。お金は経済と計算を同時に学ぶことができるもの。

ほしいものを見つけたとき、その対価（お金としての価値）を感じることで、ものを大切に考えられるようになっているよ。

お金を自己管理させよう　by ヒロアキ

収入と支出から貯金についても考えを持てるように。お金やもの、サービスの価値を感じながら、働くことについても意識を向けられるようになると思います。

チャレンジ

23 まーちゃんから学んだこと

働くことの意義をお金から学ぶ

「これ買って」「あれほしい」という願望が、いつから「これ買おうかな」「あれほしいけどどうしようかな」という思考に変わるのでしょうか。もちろん、お金のことを心配して親に遠慮するような状況は避けたいですね。ただ、**人生にはお金を基準にした判断があることも知ってほしい**ところ。

お金は働くことによって得られます。そのお金がなにに必要になるかを話し合うとよいでしょう。その後、“お金のために働く”という結論だけにならないよう、働くことで人々や社会のためになることまで伝えたいです。大人になってしたいと思う仕事のとらえ方が、変わってくるかもしれません。

使う、貯めるの自己管理力を高める

大人になって“お金があるだけ使ってもいい”と考えると、生活にリスクがともないますよね。実際に浪費型で生活が困窮しているような人もいます。そうならないために、子どもにお金の管理を経験させようと考えました。

ほしいものが見つかったとき、今いくらあるかと確認したうえで判断をしてもらいます。まーちゃんの場合、「貯金はあるけど、もっとほしいものが出てきたときのために残しておこう」と考える傾向にあります。**ほしいものとの出合いは大切なものであることも伝え、最終的に自分で判断してもらいます**。また、貯金箱が一定額に達すると、“みきちゃんバンク”に預けます。

お金と正しく向き合えるようにする

あるとき、まーちゃんは友だちから「動画が人気だから、おうちはお金持ちだよね」といわれたそうです。ある年齢になると、お金で人を比較することがあるようです。それだけ**お金は子どもにとっても身近な存在**なのです。

私は「お金持ちになるのはいいことだけど、それがえらいわけではない」と伝えました。その逆も同様です。社会には「お金をもうける＝悪」という印象も存在していますが、それは人を害して得たお金の場合だけですよね。だから私は苦労した時代のこともまーちゃんに話しています。この先の不安も、まーちゃんが心配にならない程度に伝えています。

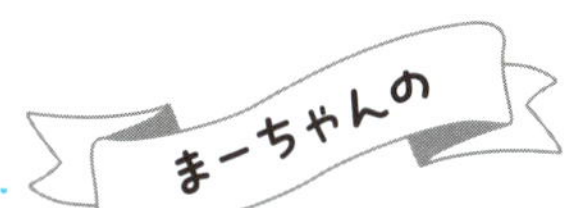

経済力向上の図式

働いて収入を得る

家の仕事をすることで報酬を得る。ごっこ遊びでは、ものやサービスの金額をリアルに設定する。

お金の自己管理

家では貯金箱で管理。一定額に達すると、みきちゃんバンクに貯金。使うときはお出かけ用の財布に必要額を入れる。

お店で使う

目的のものの品定めをしてから、買うことを決断。考えることが大切。お釣りのことも考えてお金を支払う。

ヒロアキのイケメンワード

お金の価値を知ることで人生の選択肢が広がる

今の仕事を選んだ最大の理由は、“家族と一緒にいる時間を確保できる”こと。私には技能も資格もないので、稼ぐには労働時間を増やす必要があった。労働時間を増やさずに家族との時間を確保するとなると、生活の仕方を変えなければならなかった。

大切なのは、家族との時間。なおかつ、楽しい人生にしたかった。そういった観点から動画制作という仕事に出合えたことは、本当に幸運だったと思う。

チャレンジ 24

学校行事を家族行事として扱う

[成功も失敗も一緒に体験する！]

「楽しくないな」と思っていたダンスも、家でパパとママと一緒に練習すると楽しくなった。本番で恥ずかしいと思うこともないよ。

「なにも知らないまま本番を楽しみにしたい」という思いもある。ただ、一緒に練習することで得られるものも多い。失敗することもそのひとつ。

学校の練習で使っている動画をまーちゃんが教えてくれた。その動画を手本にして家族で練習すると、自然にまーちゃんが指導者の立場になり……。

家で失敗体験をしておこう　by ヒロアキ

何事も経験。失敗も大切な経験で、それを家でしておけば、子どもは安心して本番を迎えられますよね。ダンスはいい運動になりますよ。楽しすぎて、ヒザがゲラゲラ笑っています。

チャレンジ 24

まーちゃんから学んだこと

"親子で楽しめる宿題" だと考える

保育園や小学校は、子どもたちの世界で、親がそこでの様子を知る余地はほとんどありません。運動会や学芸会などの学校行事は、子どもの様子を確認できるチャンスですよね。その際、本番までの過程を知っていると、感動が違ってくると思うんです。学校での練習風景を見ることはできません。

もし、**家庭で練習できるなら一緒になって行う**ことをおすすめします。本番で上達した部分を見ることができ、また一緒に練習していれば達成感も共有できます。学校が家庭にくれたプレゼントのようなものです。家族の記憶に残るプレゼントです。

子どもが教える側の立場を体験できる

学校で習っている分、経験値は子どものほうが高いです。子どもの練習なのに親が教わるような立ち位置になります。すると、子どもは先生が指導してくれたことをまねて、親に伝授してくれます。**人に教えることで、自分の能力が高まる**ってことがあると思います。また、自分が難しいことにチャレンジしているという、優越感を得られるかもしれません。

子どもは成長するにつれ、年齢の低い人と接する機会も増えます。人に教えるためには気づかいが必要ですから、弱い立場の人にもやさしく接することができる能力が高まるのではないかなと思います。

親が学校を好きになれば、子どもも好きになる

親が学校に興味を持つことが大切だと感じています。今日の出来事、友だちや先生のこと、勉強や行事のことを聞きます。「教えて！」という感覚ですね。人は誰かに求められると意気揚々となるもので、どんどん話してくれます。それに反応することで、満足度が高まることもあります。

もちろん、学校でイヤなこともあるでしょう。その気持ちも共有します。学校と家を行き来する習慣が心地よいものになれば最高ですね。そのためには、**親が学校を好きになることが大切**なのではないでしょうか。

ごっこ遊びのテーマは自由。学校の運動会のダンスもごっこ遊びに変換。練習が目的だが、ダンスユニットを結成した気分で楽しむ。実際はまーちゃんの表情を見て楽しんでいる。

ヒロアキのイケメンワード

学校の思い出が家族の思い出に　大人は学校に二度通える

一年前に運動会でしたダンス、今でも家族全員が覚えている。学校でお披露目したダンスであり、我が家でごっこ遊びをしたダンスでもある。家族共有の思い出はとても貴重な財産だ。

そんなとき、ふと自分の幼少期を思い出す。まーちゃんと一緒にいると、自分も子どもになったように錯覚することがある。随分前のようで、ついこの間のようで、この感覚を得られるのも「まーちゃんのおかげだなあ」と思う。

家族日記　23歳のころのヒロアキ編

◇月△日

熊本に移住して1か月が経ったころ、娘が生まれた。それはそれはかわいくて、ずっとそばにいたいと思った。同時に父として身の引き締まる思いもあった。ただ、なにをどうしたらよいのかわからず、「父親なら仕事をしてお金をかせぐ！」という答えしか出てこなかった。

ところが、まったく上手くいかない。土地勘がない、車の運転は初心者レベル、友人は0人、排他的な職場でいくら残業しても満足できない給料……。「東京に帰りたい」という言葉を封印し、〝負けを認めたらダメ〟〝男は泣かない〟〝弱音を吐かない〟ということを男として父親としての威厳だと思っていた私は、どんどん追い詰められた。

自分が疲弊していく一方で、娘は確実に成長していき、それが私の焦りに拍車をかけた。仕事という理由で娘と接する時間を減らしていた私の心の内には「なんで親であるオレが娘の成長を見られねえんだよ！」という苛立ちもあった。そしてついに限界に。妻に「東京に帰りたい」と告白しようと家に帰ると、娘がつかまり立ちの練習をしていた。何度も転んでもあきらめず、必死に机につかまって立とうとする娘の姿を見て、私は大泣きをした。このとき、威厳だと勘違いしていた私のプライドはどこかにいった。娘が私に歩み寄ってきて、私は泣きながら抱きしめた。娘はにこにこ笑いながら、私の手をしっかり握っていた。

娘がこんなにがんばっているのに、自分が簡単にくじけていられない！

この日を境に私は家族の前で泣いてもいいし、悩みをいおうと決めた。そして、23歳のヒロアキは、家族との時間を大切にできる生き方を探し始めた。「妻と娘にもらったチャンス（勇気とあたたかさ）を必ずいかす！」と胸に刻み、バンダナを頭に巻いたのだった。

4章

社会デビューに向けて準備編

チャレンジ 25

あいさつはおしゃべりのスタート

［日々、家で、外でお手本になる！］

朝、クラスに一番乗りしているから、あとから来る友だちにあいさつ。そこからのおしゃべりが楽しいの。あいさつはおしゃべりスタートの合図だね。

ロールプレイングゲームで勇者がレベルアップするときみたいに、まーちゃんがあいさつをすると、レベルアップの効果音をつけていたことがある。

我が家は、まわりに人があまりいない場所にある。あいさつする機会が少ないのは確かだった。保育園でのあいさつが最初の実践だったかな。

親からあいさつをしよう　by ヒロアキ

あいさつの意義を言葉で教えるのは難しいですよね。生活しながら自然にその重要性を感じていくものかもしれません。コミュニケーション力は、家庭でこそ築きやすいと思います。

チャレンジ 25

家庭内でのあいさつの心地よさを伝える はじまりは親からの愛情発信

言葉がなくても通じるのが家族。私はそう思います。では、「おはよう」「おやすみ」「いただきます」「ごちそうさま」「いってきます」「いってらっしゃい」という言葉は不要ですか。私は必要だと思います。これらの言葉は、人へ意識を向ける、もしくは人の意識を向けさせる効果があると思います。自分の心と相手の心を近づけるようなものではないでしょうか。そこには常に愛情がありますよね。子どもはあいさつで親の愛情を受けられると感じるかもしれません。ここにあいさつの意義があると考えます。

その際に我が家では、**目を見てあいさつすることを大切にしています**。人は目が合っていないと声をかけられても、気持ちが向いていないように感じるそうです。言葉を発することではなく、気持ちを伝えることが意義ですから、それを子どもに感覚的に理解してもらうには、親が実行し続けるしかないと思います。ごっこ遊びはものまねです。まねができる一番身近な存在が、親ではないでしょうか。

人見知りは成長の通過点 あいさつはコミュニケーションの便利アイテム

私は話すことが得意なほうだと思います。みきちゃんも社交的なので、相手を問わず気さくに話ができます。ただ、子どもはまだ会話が上達していませんよね。大人でも会話が苦手な人はいると思います。その際に**あいさつは、話し上手か話し下手かにかかわらず、声に出せる便利なもの**だと思うんです。あいさつは結果的に相手から好印象を持たれる行為かもしれませんが、自分の存在を伝え、相手への敬意を表すだけでも十分に意義があると考えます。

コミュニケーションにおいて、こんなに便利なものはないと思いますが、子どもには人見知りをする時期があり、その時期は便利なものも使いこなせません。まーちゃんにも人見知りの時期がありましたが、無理に克服させようともしませんでした。強制的な要素を持ちこみたくないからです。その場合、親が代わりにあいさつをするのでもよいのではないでしょうか。その姿を見て、子どももなにかを感じているはずです。

声に出せなくても、お辞儀したり、相手の目を見たりするだけでもコミュニケーションだと思います。

自己紹介に損得はなし　次につなげるための　ワンアクション

自分の身は自分で守らなければならない世の中です。だから、「誰にでもあいさつしよう」とは子どもに伝えられません。世の中には危害を加えてくる人もいるので。自分と時間や場所を共有する人、関わりのある人にあいさつすることになるかと思います。あいさつをする人としない人の境界を教えることは難しく、やはり親が実践しているところを見てもらうしかないですよね。関わりのある人には、あいさつだけでなく、自分のことを伝えなければなりません。

自己紹介もそのひとつ。ビジネス書籍などで“好印象を与える自己紹介”というような文言をよく目にします。これを否定するわけではありませんが、自分がどう思われるかばかりを気にしていると、不自然な関係になるように感じるのです。**自己紹介は、この先やりとりしていくためのきっかけ**、つまり次につなげるためのワンアクションではないでしょうか。

とはいえ、ごっこ遊びでの自己紹介は、アイドル風にするなど、ウケねらいが前面に出ています。これは、ごっこ遊びを楽しむための演出ですから。

チャレンジ 25

まーちゃんから学んだこと

あいさつは気持ちのバロメーター

家族であいさつしていると、いつもと様子が違うことに気づくこともあります。「おはよう」の声が小さいとき、体調が悪かったり、気分がすぐれなかったり。「ただいま」の声に元気がないと、“学校でなにかイヤなことがあったのかな”というふうに、子どもの気持ちの変化に気づけることがあると思います。目を合わせれば、そこからも様子を探れますよね。

そのためには、家庭内であいさつを習慣化しておくことです。**親が率先してあいさつすることが、習慣化につながる**と思います。「あいさつしなさい！」といわないためにも、あいさつをしましょう。

成長の様子をあいさつで感じる

まーちゃんは、家庭内ではいつもあいさつをします。それでもときに恥ずかしがっていることがあったなあと思います。子どもによっては、親や兄弟へのあいさつが恥ずかしくなる時期があると聞きます。それも成長している証しですよね。人見知りも同じです。そんなとき、親はいつものように接するのがよいのではないでしょうか。恥じらいから一時的に距離をとろうとしていても、そのうち“ただいま”と近くに寄ってくると信じています。

あいさつは求めるものではなく、自分が発するもの。その意義を大人も持ち続けたいですね。

自己紹介もごっこ遊びで経験

コミュニケーションのきっかけが、あいさつであり、自己紹介ですが、**ごっこ遊びでは表現力や語彙力を養うこともできます**。自分をどのように表現するのか、自分のことを知ってもらうにはどんな言葉を使うといいのか。

まーちゃんはお笑い好きなので、自己紹介から相手を楽しませようとします。自己紹介で相手を楽しませるには、自分を俯瞰することも必要です。“自分ってどんな人なのか”と、自分と向き合える機会にもなると思います。コミュニケーションのきっかけは、自分のことを知るきっかけになるのかもしれませんね。

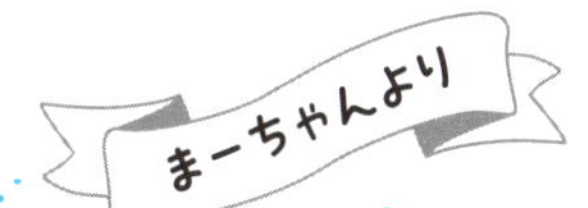

改めて自己紹介

はじめまして、まーちゃんです。小学3年生です。いつも動画『おうちごっこ』を見ていただき、またこの本をここまで読んでいただき、ありがとうございます。

私はこの本が出版されるのがとても楽しみでした。友だちや学校の先生にも見てもらいたいなと思っています。少し前だったらそんなふうに思えていなかったかもしれません。今、毎日がとても楽しいんです！

実は、私も緊張します。この本をつくるときに取材をされましたが、自己紹介をするのが恥ずかしかったんです。今度、取材のごっこ遊びもしたいと思います。

ヒロアキのイケメンワード

知り合いがいない土地で自分を知ってもらうことに必死

ここに移住した当初、知り合いはみきちゃんと家族だけ。家族以外に誰も知り合いがいないのは心細かった。ご近所さんや親戚はこの土地の言葉を使う。私は東京弁。自分がどう思われているのか、正直不安だった。

振り返ると、あの時期は私の第三次成長期（第四次かも）。今も成長中だ。変わったのは自分を知ってもらうことが目的ではなく、家族の楽しい様子を知ってもらうことが目的になったことかな。

チャレンジ 26

マナーのバランス調整

［ 良い例だけでなく、悪い例も見せる ］

マナーを守ることが目的ではなくて、感謝することが大切。熊本県産の甘夏ジュースは、なんておいしいんだろう。私にこの味を届けてくれた人に感謝！

いろいろな人と人生を楽しんでほしい。マナーを守らないとイヤがる人もいる。だからこそ、マナーを身につけてほしいという思いがある。

公園の遊具は独占できることが多く、順番待ちの経験はほぼなし。悪い手本はごっこ遊びでヒロちゃんが見せて、マナーが理解できるようになって社会デビューした。

家族と他人を区別しよう　by ヒロアキ

「親しき仲にも礼儀あり」という言葉がありますが、やはり家族と他人は違うもの。家と外の区別をつけるとともに、接し方の切り替えを意識してみてはいかがでしょうか。

チャレンジ
26 まーちゃんから学んだこと

マナーではなく、人の心と向き合う

子どもが小さいころは、マナーを説明するのが難しいかもしれません。ただ、**人の気持ちに向き合うことはできる**のではないでしょうか。ほかの人がイヤな気持ちにならないように、きれいにする、静かにする、危ないことをしない、と教えることができるかと思います。

最初のうちは「自分がされたらどんな気持ちになるか」というアプローチがやりやすいでしょうが、後々は「自分が平気でもイヤな気持ちになる人もいる」というところまで伝えたいですね。家庭で子どもがマナーを守れていないとき、「ママは今、イヤな気持ちになったよ」と伝えるのもよいでしょう。

成長を自己認識したタイミングがチャンス

まーちゃんの場合は、小学校に入学するとき、保育園児とは違うという、小学生になったステータスのようなものを感じており、マナーを伝える絶好機でした。「できる」ということに貪欲で、園児扱いされたくないという気持ちもあったのでしょう。例えば、ファミリーレストランのドリンクバーをひとりでチャレンジさせるのもいいですね。順番待ち、きれいに使う、邪魔にならないように席まで移動するなど、その過程にマナーがたくさんあります。これは**視野の広さ、ものを持つ力、バランス感覚といった身体能力が高まった年齢になってから、チャレンジできること**だと思います。

よい事例と悪い事例を擬似体験

人の悪口をいったり批判したりするのは、断固として避けたいです。マナーの悪い人がいても、その人を例にして物事を教えることは躊躇します。そこで我が家では、私がマナーの悪い人を演じました。例えば、「こんなタクシーのお客はイヤだ」というテーマで、ドライバー役のまーちゃん、私がマナーの悪い客の設定で、悪い事例をたくさん見せました。「公園にいるお父さんまとめ」という動画でも、マナーの悪い父親を演じました（P72でも紹介）。

また、**マナーだけでなく、エチケットも伝えています**。今では鼻毛や口臭など、まーちゃんに指摘されますが……。

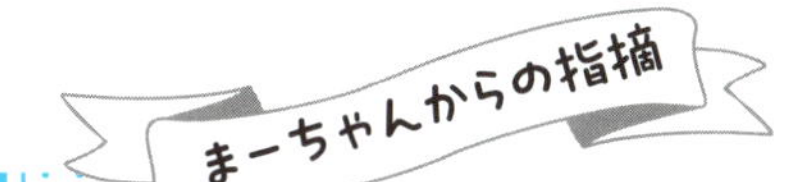

出先でよくある編

まわりに無関心

移動中、お店の待合場所などでスマホに夢中。まわりを気づかう素振りすらない人はどうかと思う。

自己中心的な態度

割りこみや大声、不必要なところでの車のクラクションなど、協調性のない態度や行動は残念。

公共の場を私有化

並列走行の自転車、お店で騒ぐ子どもを放任、ゴミのポイ捨てなどは、迷惑行為そのものだと思う。

ヒロアキのイケメンワード

いろいろな人と楽しみたい マナーはそのためにある

ある日、お客さんが来て一緒に昼食をとることがあった。お客さんに「お先にどうぞ」とすすめたが、お客さんは、私たち家族が席につくまで、料理に手をつけることはなかった。そのとき、私はまーちゃんに、大勢で食事をするときのマナーを伝えた。これからさまざまな人と食事を楽しむだろう。先に料理に手をつけることをイヤに思わない人もいれば、よく思わない人もいる。どちらの人とも楽しく食事をしてもらいたいんだ。

チャレンジ 27

幸せの選択をする

［判断する前にひと息入れてみる！］

「絶対にこれがいい！」と思うものもあるが、だいたいがママやパパに「どう思う？」とたずねる。その意見をもとに判断しているかな。

買って後悔するのもひとつの経験。ただ、なにも考えずに行動したことは後悔すらできない。だから、ひと呼吸を入れて考えてもらうようにしている。

最近はおしゃれアイテムについて私の意見をよく聞いてくる。買うまでの会話が一番楽しいかもしれない。

買ったあとを想像させよう　by ヒロアキ

ほしいものの良し悪しを大人が決めていいものでしょうか。そのものを買ってどうするか、ここでも子どもにプレゼンをしてもらいましょう。

チャレンジ 27

まーちゃんから学んだこと

選択肢を少なくすれば、判断しやすい

テレビCMのおもちゃ、お店にあるもの、目にしたものならなんでも「ほしい！」と反応する時期もありますよね。それから少し成長すると、なにもかもが手に入るのではなく、“選ぶ”という概念を覚えると思います。

ただ、まだ**複数を比較できるだけの能力はない**のかもしれません。例えば外食するとき、我が家でよくあるのが「回転寿司orファミレス」です。選びやすいですよね。また、まーちゃんから選択を求められたこともあります。「パパの好きな遊びをするor私と一緒に寝る」という幸せな選択でした。答えが決まっていても、選ぶことが大切だなと感じました。

子どもが選んだものにダメ出しはしない

まーちゃんが、3歳か4歳くらいのとき、二段ベッドをほしがりました。「値段が高いからダメ」「危ないからダメ」「ひとりで寝られないからダメ」といってしまったら、自分の意見を持てなくなってしまいますよね。それよりも二段ベッドの魅力をまず分かち合うことが大切だと思い、話し合いながら検討することに。時間が経って本人の物欲はなくなりました。

犬を飼いたいといったときも同じでした。判断する前に大事にしたいことがあると思います。**結論を急がなければ、否定することなく、また、子どもは自分の本当の気持ちに気づける**のではないでしょうか。

自分にとって価値あるものを見つける

子どもはキャラクターものが好きですよね。まーちゃんもそうで、小さいころはさまざまなキャラクターに魅了されていました。今でもそうですが、グッズを買うとなると、とあるキャラの一択なんです。そのものの価値を理解したともいえますが、むしろこだわりが強くなったように感じます。

最近はもっぱらおしゃれアイテムに夢中。相談役はみきちゃんなので、ちょっとさみしいところですが、楽しく会話をしている姿を見ると、こちらも幸せになります。**ものの価値が決まるのは、そのものを手に入れたあと。**買う行為だけが楽しみではないのです。

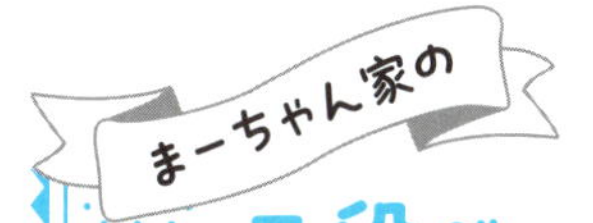

二段ベッドをめぐるやりとり

階段で上り下りできる二段ベッドは、アクティビティを感じる夢の家具。その魅力を家族で共有し、検討をしていたある日、まーちゃんが、ついに決断した。

私は上がいいな。階段に上りたい！

下のベッドは？　大人にはせまいかな

ママと一緒に寝られなくなるね

……やっぱり、いらないや

ものに思い出が加わると手放せない価値に変わっていく

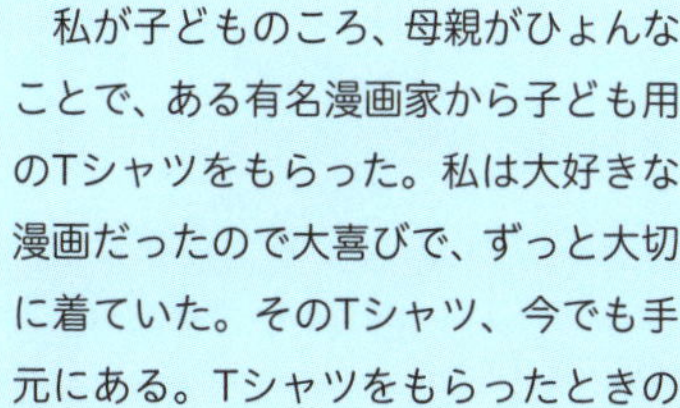

私が子どものころ、母親がひょんなことで、ある有名漫画家から子ども用のTシャツをもらった。私は大好きな漫画だったので大喜びで、ずっと大切に着ていた。そのTシャツ、今でも手元にある。Tシャツをもらったときのエピソードや、そのころの母親の仕事の話がセットで残っており、Tシャツを見るだけで思い出がよみがえる。ほかにも子どものころに着ていた洋服がボロボロな状態で残っている。捨てられないんだ。

チャレンジ 28

家族で一日を振り返る

［子どもにいきいきとしゃべらせる！］

学校での出来事はなんでも話せる。夕飯までの時間、食事中、寝る前に話すことが多い。イヤなことがあっても家で話すと、なぜかスッキリ。

聞き役は主にみきちゃん。まーちゃんからではなく、みきちゃん経由で聞くこともある。どうやら私の知らない情報があるらしい……。

“子ども同士の関係って大人よりも大変”と思うことがある。まーちゃんは振り返るタイプなので、一緒になって考えるようにしている。

メッセージ

一日を一緒に振り返ろう　by ヒロアキ

どこまで親が関与するかは難しいところ。子ども自身で乗り越えるべきストレスもあるでしょう。その悩みを発散する場所は、大人が整えてあげるべきでは？

チャレンジ

28 まーちゃんから学んだこと

聞く人がいれば、子どもは話す

子どもが親に話しにくいことも出てくるでしょう。ただ、“そんなことがあったなんて知らなかった”というのは避けたいですね。**いつもと様子が違うことに気づきたい**です。普段から会話をしていれば、探れることがあると思います。“大人がスマホやテレビに夢中で話しかけるタイミングがない”というのは残念なことです。子どもは毎日、ひとりで処理できないくらいの量の情報を収集していると思います。仮に大人が解決方法を見出せなくても、情報を共有することで、心の整理ができるかもしれません。

大人の悩みと同じように向き合う

ハグを断られることもある。

自分の子どものころの経験や感覚は、参考にはなりますが、現在の子どもにそっくりそのまま当てはめることができないと思います。子ども同士のことだからと決めつけて受け流すような対応をしていては、真意は見えないでしょう。

親身になって聞くと、小さな心にどれだけの負担がかかっているか、わかることもあります。家族は苦楽を共にするひとつの組織です。だから、私は自分の悩みや弱音も家族に見せています。子どもにまねをしてもらいたいという思いもあります。まーちゃんにハグをされたいというのも本心です。

誰かを悪者にすることは絶対にダメ

“いろいろな人と楽しんでもらいたい”というのが私の願いです。だから友だちとうまくいかなかった場合も、その友だちを悪く思うことはいっさいありません。まずは、心を痛めているまーちゃんの気持ちに寄り添います。そして少し落ち着いたら、**友だちの気持ちも一緒に考える**ようにします。言動に対する良し悪しはあると思いますが、人に対する良し悪しはいらないです。

ただ、「本当にこれでいいのかな」と、親としてはいつも不安です。私がまーちゃんの姿を見て学んだのは、**“今だけの感覚”ではなく、長い目で見てわかる感覚がある**ということです。

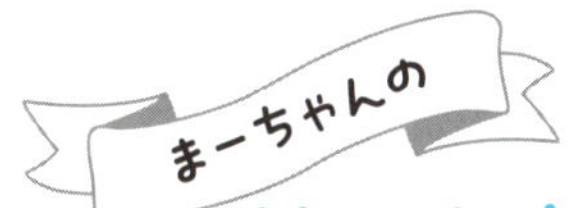

悩み相談の相手

悩みって、
自分を成長させて
くれるよねえ

悩むってことは、
真剣に生きている
証拠だよね。

人間関係の悩みって、
大人も子どもも
あるものよね。

それでも、
明日は明日の風が吹く。

ヒロアキの
イケメンワード

出会いの価値を知ることで人間関係のストレスとつきあえる

私はよく「変わっているね」といわれる。自分と違うからか、多数と違うからか、目立つからか。いいかえると、それは個性だと思う。人の数だけ個性があり、それぞれの価値観も違う。だから出会いはいつも新鮮だ。

学校での経験のひとつが、さまざまな個性との出会いではないだろうか。新しい個性に違和感を持つより、刺激や新鮮味を感じるほうがいい。それが、人間関係のストレスへの対応を変えるのでは？

お風呂の湯をぬるくした原因

LIVE 臨時で家庭内裁判を行います！

あらまし　ある日のこと、まーちゃんとみきちゃんがお風呂に入ったあと、ヒロアキが入浴。すると湯船の湯がぬるくなっている。ヒロアキはあとから入る人への配慮がないことに怒った！　そんなヒロアキにまーちゃんは「すぐに入らずに自分でぬるくしたのに、私のせいにされて傷ついた」と訴えた。

裁判官

●月●日、原告まーちゃんは、お風呂のお湯がぬるくなったのを自分のせいにされて傷つき、家族だんらんの幸せな時間を失ったことに間違いはありませんか？

原告

はい、間違いありません。ヒロアキ氏はすぐにお風呂に入らず、タブレットでなにかをずっと見ていました。

被告

見ていたのはちょっとだけです。すぐに入りました。

そのときの様子を見ていましたが、1時間ほど経過していたと思います。私はヒロアキ氏にお風呂に入るように促しました。

ちょっと、裁判官が目撃者っておかしくないですか？　中立ではありませんよね。

被告は口を慎むように。中立、公平な裁判です。

そもそも最初から温度が低かったんじゃないんですか!?

いいえ、40度を超えていました。すぐに入れば、いい湯加減でした。

これで審理を終えます。今回は異例でここで判決します。原告の請求を認めます。ただし、今後の振る舞いに期待することとし、被告は原告に謝罪をしてください。

チャレンジ 29

聞き上手＆話し上手になる

［子どもは親の言葉を自然に覚える！］

家ではパパとママと会話、学校では友だちと会話。話したいことは山ほどあるし、聞くことを含めて、とにかくおしゃべりが好き。

話を聞くことが一番大事。それによって自分の話が伝わりやすくなる。ごっこ遊びの会話では、さまざまな言葉を仕入れられている。

赤ちゃんのころからずっと話しかけていた。おもちゃのチャイムを使って、話す人がチャイムを鳴らすというやり方で会話をすることもある。

家族にインタビューをしよう by ヒロアキ

聞く習慣を身につける方法としてインタビューごっこをおすすめします。自分が話したいことではなく、聞きたいことを引き出す経験になりますよ。

チャレンジ
29

子どもの会話のモデルは親 使う言葉も 主に親から仕入れている

ある年齢になると、メディアや友だちの影響を受けて、下品な言葉を使いたがりますよね。まーちゃんもそんな時期がありましたが、それは一時的なものでした。やはり、**親から仕入れる言葉のほうが、膨大で影響力も強い**と思います。会話においては夫婦の会話がモデルになるのではないでしょうか。**些細なことでも会話をしていると、“なんでも話していい”という感覚になる**と思います。子どもにとっては難しい言葉だらけでしょう。我が家では年齢に応じて、言葉の意味を説明するようにしています。意味もわからずに使うことは避けたいと考えているからです。

さて、夫婦ゲンカを子どもの前でするかどうか。私は娘の前でなんでも話します。ケンカのようになったときは、必ず“仲直りをするまで”を見せています。“仲直り力”というものがあるのではないでしょうか。この能力が低いと第三者が介入することになり、お互いで解決できない関係性になってしまうかも。仲直りまでの過程を見せることが、私たちの家族には合っていると思います。

人の話を遮らず、聞くことを優先する インタビューで 話を聞き出すのも有効

一方通行では会話になりません。気持ちや意見を発信する際も、相手の気持ちや意見を知っているかどうかで内容が変わりますよね。情報収集をしたうえで発信すると、気持ちの整理ができ、意見がまとまって、より伝わりやすくなります。話は**“伝えることではなく、伝わったかが大切”**だと思います。人から指摘されて気づきましたが、私もみきちゃ

んも、まーちゃんも「確かに」とか「なるほど」というのが口ぐせのようです。これって、人の話を聞いてから出てくる言葉なので、うまくいっているのかなと、自信を持てました。

我が家では、**ごっこ遊びで家族インタビュー**をします。片づけをしたあとは、ヒーローインタビューを模して行います。人の話を聞き出す職業があることを知るだけでも有意義ですよね。最初は私がインタビューをする役でしたが、まーちゃんがその役を務めるようにもなりました。答えるほうも普段の会話と違って、丁寧な話し方になります。それは第三者にも伝わる話し方。会話術は、家庭での経験がとても大きいと感じています。

さまざまな人と会話をするためにはごっこ遊びでの擬似体験が役立つ

当たり前ですが、家族ほど気心の知れた人はいません。家族での会話は、ある程度予想がついて、端折ったり、言葉足らずになったりすることもあります。**ごっこ遊びでさまざまな役を演じると、話し方も違うし、テンポも、言葉のチョイスも違います**。その会話が、まーちゃんにつきささることもあるのです。

あるとき、私が高校生役でまーちゃんが親友の設定で、私がみきちゃんに告白するという設定のごっこ遊びをしました。告白する勇気が出ない私にまーちゃんは「一歩を踏み出すことが大切」、さらに「ヒロちゃんを泣かせたら許さないわよ」というアドリブが出ました。私もみきちゃんもびっくりしましたね。これは夫婦の会話をモデルにしたのではなく、テレビドラマです。みきちゃんがドラマ好きで、恋愛ドラマも一緒に見ていました。**予想外のやりとりに発展する、それもごっこ遊びの魅力**です。親の言葉ではなく、ごっこ遊びの役でのひとことがつきささるようなこともあると感じています。

子どもにも支えられている

チャレンジ 29

まーちゃんから学んだこと

会話する時間を増やすことが第一

子どもにとって普段の生活のすべてが、学びになると思います。「今から会話の勉強をするよ」といわなくても、日常的に会話をしていれば、十分に学べるのではないでしょうか。私は、夕飯を家族と一緒にとるようにしています。毎日、3人で会話をする機会があります。一緒に食べていなければ、料理の話はできませんよね。もちろん、それぞれの家庭の事情があると思います。一方で、**子どもはどんどん成長していくので、その年齢での会話は今しかできません**。少しでも会話の時間を増やしたいですね。

大人が話を聞く姿勢を見せる

例えば、スマホを見ながら会話をしていると、話を聞いているのかどうか不安にさせてしまいますよね。子どもは目を合わせるなど、自分に意識が向いていないと心が安定しないといわれています。また、大人からあらゆることを学ぶので、聞く姿勢を間違って覚えてしまうのもリスクです。

まーちゃんはお笑いが好きで、漫才も見ます。ボケとツッコミは常に向き合っていますよね。**人々を幸せにする話って、向き合っていなければ生まれない**のかもしれません。話すほうも聞くほうも気持ちよくなる姿勢を身につけたいものです。

質問に対する的確な受け答えを身につける

自分の話したいことに意識が強くなりすぎると、会話が成立しなくなることがあります。「好きな食べ物はなに？」と質問されて、「生クリームがあまり好きじゃないの」と答えては、なにも伝わりません。相手がなにを求めているのか、これを意識するには、やはり**しっかり話を聞くことを身につけるしかありません**。

特に複数人で会話をしているとき、一部の人だけが話しているような構図にならないようにしたいと思っています。これによって、友だちとの会話、将来の仕事関係者との会話で、人の話を聞き、的確な受け答えをすることに役立つと思います。

インタビューしました！

「おうちごっこ」が本になるそうですが、どんなことを読者に伝えたいですか？　また、本をつくるときに大変だったことと、よかったことはありますか？

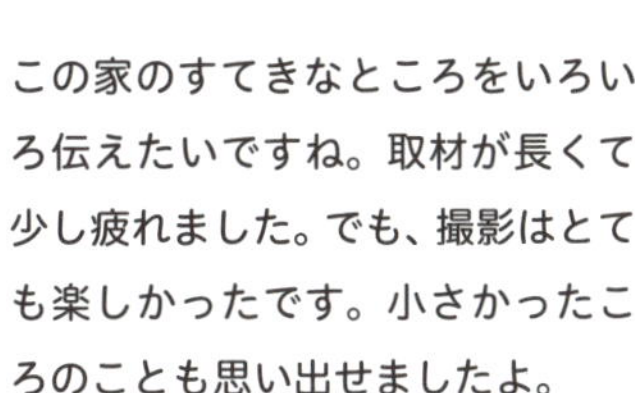

この家のすてきなところをいろいろ伝えたいですね。取材が長くて少し疲れました。でも、撮影はとても楽しかったです。小さかったころのことも思い出せましたよ。

ヒロアキのイケメンワード

親の気持ちが伝わっている？理解されないのは自分に原因が…

“言った、聞いていない”というのは、どんな関係でもよくあるケンカ。ここで不足しているのは、“伝わったかどうか”だよね。「何度いったらわかるの！」と子どもにいいたくなったとき、ふと、「自分の伝え方が不十分だったのでは？」と思うことがある。伝えたことを確信できるときも「あのときにいったこと覚えてる？」と聞くと、相手の気分を損ねることなく、会話を始められる。相手の非を追及するのはナンセンスなんだよね。

チャレンジ 30

大人になる準備をする

［ 年齢に関係なく、対等な目線で会話する！ ］

3年生になって会話の内容も変わってきた。ファッションやおしゃれがよく話題になる。"かわいい"って人生を楽しくさせるよねえ。

異性の話はするけれど、恋について友だちの名前が出てくるようなことはない。ただ、みきちゃんには話すことがあるらしい。嫉妬……。

テレビドラマの影響もあって、イケメンより役柄からの個性に魅力を感じているみたい。本人は、「外見よりも心が大切」といっている。

メッセージ30 美意識の目覚めを喜ぼう by ヒロアキ

おしゃれやファッションに興味を持つことは、まわりの視線も気にするという成長の表れかもしれません。その成長は、身のまわりのことを自己管理させるチャンスです。

チャレンジ 30

まーちゃんから学んだこと

おしゃれは自己管理のチャンス

ヘアアイテムに興味を示せば、そのアイテムの管理だけでなく、髪の毛のケアも自分でさせてはどうでしょうか。洋服の準備や管理も自分でできますよね。自分のまわりにどんなものをそろえたいか、自分をどう見せたいか、というこだわりは、おしゃれのセンスを磨くだけでなく、**自己管理をすることの始まり**だとも思います。

まーちゃんは、私の洋服のコーディネートについても感想をいうように。お出かけのときは、部屋着ではなく、外出用の洋服にしてほしいとか……。

人間関係の範囲拡大は喜び

ある年齢になると異性の話をすることがありますよね。恋人とか、結婚とか、パートナーの存在について興味を持ちます。私はみきちゃんへの愛情をまーちゃんの前でも表現しています。恋人については、ごっこ遊びで取り上げることもあり、テレビドラマでも学んでいます。**恋愛の話については家庭それぞれの考え方があってよい**と思います。私は、まーちゃんに「好きな子は誰？」と聞くことはありません。「どんなタイプが好き？」とは聞きます。まーちゃんとみきちゃんとの会話は、また違ったもののようです。

性教育のタイミングを考える

自分の体について、また自分の体を守ることについて伝えるのは、親として大切なことだと思います。どのタイミングで伝えるのがよいか、正直わかりません。まーちゃんが学校で受精卵の勉強をしたことがありました。みきちゃんはこのタイミングで伝えようと思い、まーちゃんが理解できそうなところまでを話しました。これができたのも、学校でどんなことがあったかを親が把握できていたからです。学校と家庭の連携って大切ですよね。

私が大切にしているのは、**性教育に合わせて命の尊さを伝える**ことです。それは人と自分、生き物を大切にすることにつながると思います。

おしゃれとは？

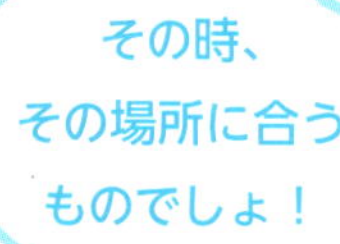

その時、
その場所に合う
ものでしょ！

楽しむべきもの
でしょ！

個人の好みで
いいでしょ！

心を表すもの
でしょ！

本当はまだ、おしゃれを
探しているところ……

ヒロアキの
イケメンワード

人生を支え合うパートナー 恋がいつしかそうなる

結婚してから、みきちゃんのことをどんどん好きになっている。愛情のバロメーターに天井はない。支え合うという関係性は、まさにみきちゃんだとも思う。まーちゃんにも人生を支え合うパートナーを見つけてもらいたい。どんな人に出会うのか、私自身が楽しみだ。まーちゃんが選んだ人なら、私はその人のいいところをたくさん見つけられるだろう。心を大切にしているまーちゃんなので、心配より楽しみのほうが大きいよ。

チャレンジ31

とことん話し(愛し)合う

［子どもの言い分を聞いてから話す！］

パパは夜勤の帰り道の運転で、居眠りしないようにおばあちゃんと電話で話しているみたい（ハンズフリー）。何歳になっても親子の会話は大切だよね！

仲よしって、お互いの意見や気持ちをどれだけ知っているかだと思う。なにかで衝突した際は、冷静になれる時間をつくること。5分くらいかな。

ケンカではなく話し合いの感覚。とことん話すと、どちらかが自然に「ごめん」となる。親子でも夫婦でも同じだよね。

素直になれるまで話し合おう by ヒロアキ

どちらかがあやまることが大切だとは思いません。お互いを理解できたとき、自然にあやまる行為が生まれるだけ。話し合いを翌日に持ち越してもOKですよね。

まーちゃんから学んだこと

相手の言い分は必ず聞くこと

ケンカを口論だとすると、ひとつの会話ですよね。先にも述べましたが、会話は聞くことが大切だと思います。**家族でもそれぞれに考え方や感じ方があるもの**。まーちゃんは**"ケンカは学び"**という表現を使います。これは、知っているつもりで知らなかったことに気づけるからだと思います。

理解し合っている家族でも、「こんなことを思っていたのか」と感じる局面は多々あります。話し合いの場はいろいろあると思います。まーちゃんは私と衝突したとき、「家庭内裁判」というような貼り紙をつくり、裁判ごっこを舞台にして話し合ったこともあります（P152参照）。

感情的になるときは時間をおくべき

人間の永遠の課題は、感情コントロールではないでしょうか。私もみきちゃんも、まーちゃんも感情的になる、またはなりそうなときがあります。そのときにやりとりしても、本質が見えず、求めるべきところにたどり着けないと思います。そんなときは、5分とか、少し時間をおくようにしています。**冷静になれたら話し合いの開始**です。

「自分のことをわかってほしい」という思いから感情的になってしまうこともあるでしょう。わかってもらうための方法を考えるには、冷静さが必要です。誰だって気分のいい時間がたくさんあるほうがいいですよね。

あやまる＝気持ちを理解できた

謝罪を要求するのは、第三者がする行為だと思います。当事者が謝罪を要求するのは、やはり自己主義から離れていないような気がするのです。**とことん話し合えば、自然に「ごめん」という言葉が出てくる**もので、我が家ではどちらかではなく、両者から「ごめん」の言葉が出てきます。

ドライブ中にまーちゃんと口論になったとき、最後は一緒に「ウォー！」と叫んで終わりました。「ウォー！」を訳すと、「ごめんね。気持ちをわかっているよ」になります。よって我が家には、どちらかが折れるというような状況もありません。

争い防止策「ジャンケン」

食後の仕事の人気順

布団敷き

食器洗い

風呂掃除

家族のための仕事は、家族全員でするのがルール。ただ、避けたい仕事があるのも事実。夕食後、どの仕事をするかはジャンケンで決まる。決まったことにわだかまりはない……!?

ヒロアキのイケメンワード

いくつになっても人間は未熟だから正直になって“ごめん”

風呂掃除ってイヤなんだよね。シャワーでさっと流して、スポンジをぬらして、あたかも掃除をしたようなアリバイづくりをしていた。そのことをあるとき、正直に話したんだよ。そりゃ、みきちゃんも、まーちゃんもショックだったと思うよ。でもね、ふたりとも笑ってくれたんだ。大人の姿をしているけど、未熟なんだよね、自分って。ジャンケンのとき、ハラハラドキドキするのは、子どものころと変わらない感覚なんだよね。

チャレンジ32

いつまでも行ってお帰り

［悩みを共有しながら、共に考え抜く！］

1年生を見て、「私もあんなに小さかったのかなあ」と思う。「学校に行きたくなかったときもあったんだよなあ」と思う。なつかしいね。

「楽しくするにはどうしたらよいか」と一緒にずっと考えていた。それは私生活も学校も。人それぞれの楽しみが見つかればいいと思う。

楽しみが見つかるまでの時間も人それぞれ。急ぐ必要はないと思う。それをまーちゃんが教えてくれた。この先、楽しいことがもっとありそうだ。

今日の出来事を伝え合おう by ヒロアキ

家族といえども別々の人生。それを共有できるのが、家族のすてきなところ。子どもから今日の出来事を聞くだけでなく、大人も一日の出来事を伝えてみては？

まーちゃんから学んだこと

一緒に悩む、一緒に考える

「なぜ、学校に行かなければならないか」というお題にどのように答えますか？　意義はたくさんあると思いますが、子どもが理解するには難しいところもありますよね。まーちゃんは、入学してしばらく学校に行きたくないという日がありました。その理由は「楽しくないから」でした。わかりやすい理由であり、解決するのが難しい理由です。だから、**普段の会話の中で、「学校にある楽しみとはなにか」、「どうしたら楽しめるか」を一緒に考えました。**
「学校に行くのが本当に楽しい！」となったのは、3年生になってから。

なぜ学校に行くかは、楽しいからです。

家族それぞれの一日を共有する

些細なことが、大きな結果を生むことがありますよね。まーちゃんが友だちとうまく会話ができなかったころ、私は「昨日、なに食べた？」と聞いてみたら、と提案しました。これを機に話しかける感覚を得たようです。

夕飯時などに子どもに今日の出来事を聞きます。感想を伝えます。そのあとには、みきちゃんも私も自分の一日を話します。まーちゃんから感想が伝えられます。**話の内容は、些細なことが中心**です。すると、そこから会話が長々と続いていきます。それによって家族のことをより深く知ることができます。**些細なことではなくなります。**

いってきます、ただいま、いってらっしゃい、おかえり

多くの家庭は、家族が家から出て、戻ってきますよね。本書で、「夜早く寝たいから、早く起きる」という表現を使いましたが、冗談というわけでもありません。なぜ、仕事や学校に行くのか？ それは家に戻ってきたいからです。家に帰りたいという気持ちは、家にいては生まれません。
「いってきます」といわなければ、「おかえり」の声は聞けません。これをくり返すだけでも幸せだと思いませんか。**親として最高の「いってらっしゃい」と「おかえりなさい」をいいたい**ですね（朝は仕事終わりで寝ているので、夢の中での話です）。

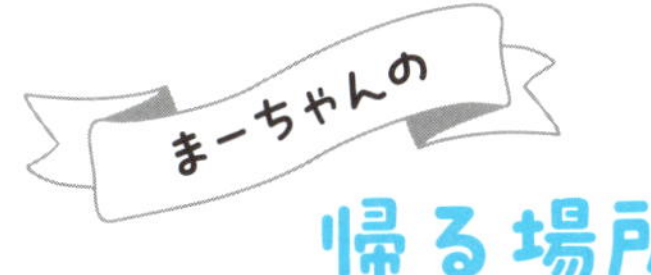

まーちゃんの帰る場所

夕飯時の会話のネタを収集に行くまーちゃん。
おなかをすかして待つ、パパとママのために。

ヒロアキのイケメンワード

ごっこ遊びでできないこと それは、子どもの未来ごっこ

なにが楽しみかって？ それは家族の未来だよ。いろいろ想像はするけれど、どれもリアルな感覚にはなれない。ごっこ遊びで社会を擬似体験はできても、未来のリハーサルはできっこないんだ。

いくつになっても毎日が未知の世界。いいことも悪いことも、そりゃたくさんあるさ。ごっこ遊びは、人生の参考まで。親の姿も参考まで。未来をつくれるのは、その人だけだと思う。自分自身、まだ、未来の制作途中なんだから。

家族日記 「おうちごっこ」の活動を、まーちゃんはこう思う

○月 △日

私はYouTubeチャンネルなどで、「おうちごっこ」の活動をすることが、とても楽しいです。大変なときもあるけど、3人で協力することが好きです。

やってよかったと思うのは、いろいろなことに気づけるようになったことです。友だちや家族を大切にすることや、相手の気持ちを考えること、言葉づかいやマナーなどです。あと、「これはおもしろそう！」というのがたくさん見つけられるようになったと思います。

学校で「YouTubeやっているんだね」とか「すごいね」とかいわれるのもうれしいです。以前は自信がなかったけれど、自信を持って学校に行き、行動ができるようになりました。「おうちごっこ」の活動のおかげで、家での生活や学校での生活が楽しくなったと思います。これからも家族3人で「おうちごっこ」の活動を楽しみたいです。いろいろなところにも行きたいです。

YouTubeで顔を出している子どももいるけれど、私はまだ出したくないです。人それぞれでいいと思っています。私は、登録者数100万人を目指しています（2024年10月時点で97万人超）。

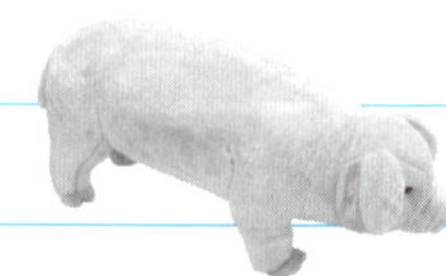

※この文章は、2024年7月、夏休みに入る前にまーちゃんが執筆したものです。

パパはいつもやさしく、楽しませてくれるけど、こわいときはこわいです。やさしいところもあり、おこるところではちゃんとおこってくれる人。そういう人が“性格のいい人”だと思います。小さいころからいろいろなごっこ遊びをしてくれて、ありがとう。最高のパパ、ラブ!!

ママ、大好きです。いつもおいしいごはんをつくってくれます。私の話を聞いてくれ、相談にも乗ってくれます。明るいときもあるし、つかれているときもあります。頭がいたいときにがまんしているようだけれど、私にはバレバレです。そんなときに「ママだいじょうぶ？」というと、ママは「だいじょうぶだよ！」とにっこり顔でよろこびます。ラブ!!

これからも「ごっこ遊び」楽しむぞー!!

まーちゃん

いつからか いつまでも

ヒロアキ＆みきの真剣交際

熊本への移住を決意！

めでたく入籍

まーちゃん誕生

はじめてのおでかけ

歩き始めたまーちゃん

おうちごっこの原点

3人での結婚式

家族みんなが大好きな阿蘇

親が楽しまなければ“損”

なんと、なんと、最後まで読んでいただき、本当にありがとうございます。子育て１年生（永遠に）ということもあって、日々、気づくことばかりですが、約９年間で感じたのは、子育てに執着しすぎると、子どものことしか見えなくなってしまうことです。そうすると視野が狭くなって、頭がパンクしてしまいそうになります。私たち夫婦にもそうなった時期がありました。

大切なのは、子どもとの関わりを楽しむこと。子どもに関わる自分を楽しむことです。私の場合は、映画を観ながらお菓子を食べまくったり、わざと雨に打たれて映画『ショーシャンクの空に』ごっこをしてみたり、普段子どもにダメだといっていることをやってみたりすることがあります。正しいことだけで世の中はつくられていないですよね。世間の目を気にせずに、たまには子どもと思いっきりはしゃぐべきです（人に迷惑をかけることはダメです）。

子どもと一緒にいられる時間は、決して長くありません。だったら楽しまなきゃ損です。一緒に楽しんだ経験は、信頼関係を築きます。言葉だけよりも子どもの中に入っていくものがあると思います。この本の制作も家族でたくさん楽しませていただきました。この経験は家族３人の一生の思い出になります。

この本を最後まで読んでいただいたみなさま、ありがとうございました！　もし、私たち家族をどこかで見かけたら“耳たぶをさわる仕草”をしてください。「本を読んだよ！」という秘密のサインです。きっと、私たち家族のテンションはめちゃくちゃ上がります。そして語りましょう。(笑)

最後になりましたが、この本に、そしてこれまで私たち家族に関わってくださったみなさま、本当にありがとうございました。

おうちごっこ 一同

おうちごっこ　ヒロアキ
1992年、東京都生まれ。父・ヒロアキ、母・みき、娘・まーちゃんの3人家族のYouTuber。熊本県で暮らしながら、家族でのごっこ遊びやリアルすぎるおままごとの動画が人気を集めている。YouTubeの登録者数は97万人を超え、SNSの総フォロワー数は182万人に達している（2024年10月時点）。

【制作スタッフ】

マンガ・イラスト	こたき さえ
写真	鍋田 広一（パンフィールド）
表紙デザイン	菊池 祐
デザイン	萩原 美和
編集	セトオドーピス
校正	鴎来堂

家族を笑顔にする32チャレンジ
おうちごっこの子育て1年生

2024年12月2日　初版発行

著者／おうちごっこ　ヒロアキ

発行者／山下 直久

発行／株式会社KADOKAWA
〒102-8177　東京都千代田区富士見2-13-3
電話　0570-002-301（ナビダイヤル）

印刷所／大日本印刷株式会社

製本所／大日本印刷株式会社

●お問い合わせ
https://www.kadokawa.co.jp/（「お問い合わせ」へお進みください）
※内容によっては、お答えできない場合があります。
※サポートは日本国内のみとさせていただきます。
※Japanese text only

定価はカバーに表示してあります。

ISBN 978-4-04-606841-5　C0077